ÉDITO

Cahier d'activités

Marie-Pierre Baylocq Sassoubre
Stéphanie Brémaud
Clara Cheilan
Sergueï Opatski

SOMMAIRE

Unité 1 C'est la vie .... p. 3

Unité 2 Souvenirs, souvenirs .... p. 13

Unité 3 À la recherche d'un toit .... p. 23

Unité 4 On n'arrête pas le progrès .... p. 33

Unité 5 En forme ? .... p. 43

Unité 6 Côté cuisine .... p. 53

Unité 7 Qui se ressemble s'assemble .... p. 63

Unité 8 L'actu en direct .... p. 73

Unité 9 Consommer autrement .... p. 83

Unité 10 On part en voyage ? .... p. 93

Unité 11 On recrute p.103

Unité 12 L'appel de la nature p.113

TRANSCRIPTIONS p.123

CORRIGÉS p.131

C'EST LA VIE !

Grammaire

[LE PASSÉ COMPOSÉ] p. 16

1 Complétez les phrases avec l'auxiliaire *être* ou *avoir*.

a. Il .... né à Paris.

b. Nous .... grandi à la montagne.

c. J'.. passé mon enfance en banlieue parisienne.

d. Vous .... venus de Nantes.

e. Ils .... recommencé leur vie à zéro en 2015.

f. Nous nous .... mariés l'année dernière.

g. Elle s'.. installée à Pau.

[LE PASSÉ COMPOSÉ] p. 16

2 Complétez la grille avec les participes passés des verbes proposés.

a. recevoir
b. devenir
c. naître
d. prendre
e. mourir
f. faire

1. tenir
2. vivre
3. ouvrir
4. inscrire

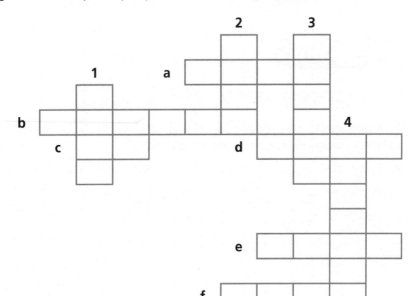

[LE PASSÉ COMPOSÉ] p. 16

3 Dans les phrases suivantes, entourez la forme correcte.
a. Elle est (né / née / nés) en 1981.
b. Nous nous sommes (intéressé / intéressée / intéressés) à la musique.
c. J'ai (vécue / vécus / vécu) en Italie pendant deux ans.
d. Elles sont (devenu / devenues / devenus) célèbres en 2002.
e. Vous avez (reçu / reçues / reçus) un César.
f. Elle a (adorée / adoré / adorées) les percussions pendant le concert.

[LE PASSÉ COMPOSÉ] p. 16

4 Conjuguez les verbes entre parenthèses au passé composé et reconstituez la vie d'Alice.

Alice (naître) .... en Inde. Puis, ses parents (s'installer)

.... à Québec où ils (vivre) ....

pendant dix ans. Alice, elle, (déménager) .... en France pour

faire ses études. Elle (vivre) .... à Paris chez sa cousine.

Elle (adorer) .... sa vie à Paris.

Elle (s'inscrire) .... à de nombreuses activités comme la

danse et le théâtre. Aujourd'hui, elle (se marier) .... avec

Stéphane qui est passionné de danse.

Aàz Vocabulaire

[LA VIE PERSONNELLE ET LE TEMPS LIBRE] p. 17

1 Complétez les phrases avec les éléments suivants : *ses débuts / amatrice / théâtre / passionnés / se marie / en couple.*

a. Noémie .... avec Vivek cet été.

b. Elle fait du .... au cours Florent.

c. Agathe est .... avec David.

d. Il fait .... au cinéma.

e. Nous sommes .... de musique.

f. Elle est .... de football.

[LE TEMPS LIBRE] **p. 17**

2 Dans cette grille, retrouvez les mots cachés suivants : *chant, danse, ~~comédie~~,* *théâtre, football, musique, sport, passion, amateur.* **Attention, les mots peuvent être à l'horizontale (← →) ou à la verticale (↑ ↓).**

F	O	O	T	B	A	L	L	A	P
D	O	F	R	U	E	T	A	M	A
S	P	O	R	T	T	I	N	A	S
T	A	E	T	H	H	D	S	T	S
O	S	U	H	B	E	L	S	I	I
R	S	Q	C	H	A	N	T	O	O
N	U	I	Q	U	T	L	A	N	N
A	I	S	A	Q	R	A	L	L	S
H	N	U	T	I	E	S	N	A	D
C	O	M	E	D	I	E	D	A	N

[LA VIE] **p. 17**

3 Vous êtes installé(e) à Paris et vous avez changé de travail. Vous écrivez un mail à votre meilleur(e) ami(e) pour lui parler de votre nouvelle vie professionnelle, personnelle et de vos nouvelles activités. (60 mots)

Objet : Des nouvelles

Bonjour !
J'ai déménagé à Paris. ....

....

....

....

....

....

....

....

....

....

Grammaire

[LA PHRASE NÉGATIVE] p. 19

1 Écoutez les phrases et dites si elles sont à la forme affirmative ou négative.

	a	b	c	d	e	f
Forme affirmative						
Forme négative						

[LA PHRASE NÉGATIVE] p. 19

2 Transformez les phrases affirmatives à la forme négative.

a. On se retrouve parfois au théâtre le dimanche.

→ ....

b. Elle a déjà vu Mika en concert à Paris.

→ ....

c. On a encore du temps pour aller visiter l'expo à Beaubourg.

→ ....

d. Nous regardons souvent des comédies françaises à la télévision.

→ ....

[LA PHRASE NÉGATIVE] p. 19

3 Remettez les mots dans l'ordre pour faire des phrases à la forme négative.

a. Salon des sports. / veut / au / Elle / ne / aller / pas

→ ....

b. Ninon. / Baptiste / proposé / n' / rien / a / à

→ ....

c. n' / concert. / vu / avons / Nous / au / personne

→ ....

d. mardi / n' / libre / ciné. / Lucie / plus / un / pour / est

→ ....

e. au / Je / jamais / suis / musée. / ne / allée

→ ....

Vocabulaire

[QUELQUES ACTIVITÉS] p. 21

1 Complétez les phrases et placez les mots dans la grille.

a. Ce sport s'appelle le jeu de boules ou la … .
b. J'ai fait du … - … sur la Durance dans les Alpes.

1. Pour pratiquer ce sport, je suis monté à cheval. J'ai fait de l'… .
2. Pour monter en haut du Mont-Blanc, j'ai fait de l'… .
3. J'ai pratiqué la … pour bouger toutes les parties du corps.

[QUELQUES ACTIVITÉS] p. 21

2 Une association culturelle s'installe dans votre ville. Retrouvez dans l'affiche les activités proposées par cette association.

L'association
« Loisirs en ville ! »
ouvre ses portes

Vous souhaitez pratiquer un loisir ? Venez nous rencontrer !

Activité 1 :...............................

Vous allez dessiner, faire des tableaux et travailler les couleurs.

Activité 2 :...............................

Vous allez créer des objets et travailler le bois ou la pierre.

Activité 3 :...............................

Vous allez découvrir ce sport de combat et participer à des compétitions.

 ## Grammaire

[LES INDICATEURS DE TEMPS] p. 23

1 Complétez les phrases suivantes avec : *depuis, il y a, pendant.*

a. J'ai vécu à Santiago, au Chili .... dix ans.

b. Il est célèbre .... 2009.

c. .... deux ans, Jules est allé au carnaval de Dunkerque .... une semaine.

d. Nous ne sommes pas allés au cinéma .... ton départ.

e. .... deux jours, elle est allée faire de l'équitation.

[LES INDICATEURS DE TEMPS] p. 23

2 Associez les éléments pour former des phrases.

a. Il fait de la danse •   • **1.** il y a deux ans.

b. Le carnaval a duré •   • **2.** (pendant) cinq jours.

c. Marc et Marie ne sont pas   • **3.** pendant toute mon adolescence.
allés au théâtre •   • **4.** depuis sa rencontre avec Johanna.

d. J'ai fait du canoë-kayak •   • **5.** depuis leur mariage.

e. Je suis devenue comédienne •

Communication

[PARLER DE SA VIE / ACCEPTER ET FIXER UN RENDEZ-VOUS] p. 14 p. 18

Votre ami Léo vous retrouve sur un forum. Vous chattez avec lui et vous lui racontez votre vie, votre travail, vos loisirs et vous acceptez son rendez-vous. Complétez ce chat.

Léo : Salut, merci d'avoir répondu ! Nous allons pouvoir reprendre contact ! Je suis super content ! Alors, raconte !

Vous : Moi aussi, je suis très content(e) ....

....

....

Léo : Moi, j'ai vécu pendant dix ans à New York avec mes parents. Et ensuite, je me suis installé à Besançon. Je vis dans cette ville depuis quatre ans. Je ne suis pas marié et je n'ai pas d'enfant. Et toi alors ?

Vous : ....

....

....

Léo : Génial ! Moi, je suis amateur de théâtre et je suis passionné d'équitation ! J'adore aussi jouer aux cartes ! Au poker, surtout ! Et toi, qu'est-ce que tu aimes faire ?

Vous : ....

....

....

Léo : Ça te dit de nous voir le week-end prochain à Paris ?

Vous : ....

Phonétique | Les sons [s] et [z]

Repérage p. 24

1 Écoutez et dites si vous entendez le son [s] ou le son [z].

 cd 3

J'entends le son : | J'entends le son :

	[s]	[z]			[s]	[z]
a.	◯	◯		d.	◯	◯
b.	◯	◯		e.	◯	◯
c.	◯	◯		f.	◯	◯

Entraînement

2 Lisez à voix haute et, dans les phrases, dites si le [s] est après ou avant le [z].

a. Tu préfères les échecs ou les Seychelles ?	[s] / [z]	[z] / [s]
b. Les comédiennes se sont changées ou elles ont changé ?	[s] / [z]	[z] / [s]
c. Elle répète sa scène ou elle pratique le zen ?	[s] / [z]	[z] / [s]
d. Ils installent le jeu ?	[s] / [z]	[z] / [s]
e. L'art, passion ou poison ?	[s] / [z]	[z] / [s]
f. C'est un jeu de hasard ?	[s] / [z]	[z] / [s]

Écoutez l'enregistrement et vérifiez vos réponses. cd 4

Phonie-graphie

 cd 5

Écoutez les phrases suivantes et complétez les mots avec les graphies du son [s] (*c, ç, ss, s, t*) ou du son [z] (*s, z, zz*).

a. J'ai re......u une invita......ion au Fe......tival de Cannes.

b. J'ai vi......ité le ......oo de Beauval.

c. J'ai fait connai......ance avec un mu......i......ien de ja...... .

d. J'ai rencontré par ha......ard une joueu......e de trompette.

e. J'ai dan......é avec un acteur de ......inéma.

f. J'ai vu une piè......e de théâtre jouée par des amatri......es.

 **Compréhension orale**

L'ENFANCE ET LA CARRIÈRE
DE FABRICE LUCHINI

Écoutez le document et répondez aux questions.

Compréhension

1 Où est-ce que Fabrice Luchini est né ?

....

2 Fabrice Luchini :

O a toujours aimé l'école de coiffure.

O n'a jamais été à l'école.

O n'a jamais aimé l'école.

3 À 13 ans, Fabrice Luchini est :

O un marchand de fruits et de légumes.

O un acteur.

O un apprenti coiffeur.

4 Fabrice Luchini est professionnel dans :

O la musique.   O le cinéma.   O la danse.

5 Quelles sont les passions de Fabrice Luchini ? ....

6 En quelle année Fabrice Luchini a reçu un César ? ....

Vocabulaire

7 Entourez la bonne définition.

a. « Être populaire », c'est :

O faire partie de la population.   O avoir du succès.

b. « Apprenti dans un salon de coiffure », c'est :

O apprendre le métier de coiffeur.   O être un coiffeur professionnel.

c. « Tourner dans un film » c'est :

O réaliser un film.   O jouer un rôle dans un film.

Production orale

[JEUX DE RÔLE]

À deux. Choisissez la fiche A ou B. Échangez vos informations avec votre partenaire pour compléter les informations d'un programme.

Apprenant A

.... de musiques et des cultures du Sud

Tous les amateurs et les passionnés peuvent y participer ! Chaque année, depuis 12 ans, en ...., a lieu le Festival de musique et des cultures du Sud à Pau. C'est une manifestation importante pour la ville. À l'honneur, cette année, un groupe de musique .... : Les Ogres de Barback !

Au programme : .... de musique du monde, cours gratuits de guitare et de ...., cours de danse tous les soirs.

Réservez votre .... « 4 jours » avant le 30 juillet 2016 sur notre site.

Rendez-vous vendredi 18 .... à partir de .... heures, Place Verdun !

Festival de .... et des cultures du Sud

Tous les .... et les passionnés peuvent y participer. Chaque année, depuis 12 ans, en août, a lieu le Festival de .... et des cultures du Sud à Pau. C'est une manifestation importante pour la ville. À l'honneur, cette année, un groupe de musique célèbre : Les Ogres de Barback !

Au programme : concerts de musique du monde, cours gratuits de .... et de piano, cours de .... tous les soirs.

Réservez votre billet « 4 jours » avant le 30 .... 2016 sur notre site.

Rendez-vous vendredi .... août à partir de 18 heures, Place Verdun !

Apprenant B

Préparation au DELF A2   Production orale

[EXERCICE EN INTERACTION]

Sujet au choix :

1. Vous êtes un chanteur/une chanteuse francophone célèbre. Un journaliste vous interroge sur votre vie professionnelle et personnelle. Un(e) étudiant(e) joue le rôle du journaliste. Vous lui parlez de vos origines et de vos goûts.

2. Vous devez organiser une sortie avec un(e) ami(e). Vous vous mettez d'accord sur le type de sortie (culturelle ou sportive), le lieu, la date et les personnes invitées.

SOUVENIRS, SOUVENIRS

 **Grammaire**

[L'IMPARFAIT] p. 30

1 Écoutez et cochez les phrases à l'imparfait. cd 7

a	b	c	d	e	f

2 Associez les éléments pour former des phrases.

a. Je   •   • **1.** étaient froncés.

b. Tu   •   • **2.** passions de bons moments à la montagne.

c. Margot   •   • **3.** me souvenais de son parfum.

d. Théo et moi   •   • **4.** alliez toujours les voir le dimanche pour goûter.

e. Vous   •   • **5.** me reconnaissais toujours.

f. Ses sourcils   •   • **6.** avait de longs cheveux blonds.

[L'IMPARFAIT] p. 30

3 Conjuguez les verbes soulignés à l'imparfait comme dans l'exemple.

Exemple : *Cela m'enchante.* → *Cela m'enchantait.*

a. Tous les matins, ma sœur se parfume.

....

b. Je fais de la gymnastique tous les jours.

....

c. Chaque semaine, Mathieu et Julie boivent un chocolat au café du village.

....

d. Tu aimes les dîners de famille.

....

e. Vous voyagez souvent pendant les vacances scolaires.

....

[L'IMPARFAIT] p. 30

4 Conjuguez les verbes entre parenthèses à l'imparfait.

Quand j'(être) *étais* .... enfant, je (vivre) *vivais* .... dans un petit village

à la campagne. Chaque samedi, nous (manger) *mangions* .... des bonbons chez

Monsieur Étienne, notre voisin. De temps en temps, nous (jouer) *jouions* .... aux

cartes avec lui. Pendant la partie, Monsieur Étienne (boire) *buvait* .... toujours du

café. C'(être) *était* .... un moment inoubliable et un beau souvenir d'enfance.

[L'IMPARFAIT] p. 30

**5 Écoutez et retrouvez dans quelle phrase vous entendez les expressions
suivantes : *chaque jour / tous les mercredis / souvent / à cette époque /
tout le temps*.**

cd
8

1. tous les mercredis : phrase …

2. chaque jour : phrase …

3. souvent : phrase …

4. à cette époque : phrase …

5. tout le temps : phrase …

Aàz Vocabulaire

[QUALIFIER UN SOUVENIR] p. 31

**1 Observez les illustrations et qualifiez chaque souvenir avec un des adjectifs
suivants : *horrible / drôle / triste / heureux*.**

....

[QUALIFIER UN SOUVENIR]

2 Écoutez et cochez les souvenirs positifs (+) et les souvenirs négatifs (–).

	Souvenir 1	Souvenir 2	Souvenir 3	Souvenir 4	Souvenir 5
+					
−					

[LA MÉMOIRE DES SENS]

3 Reliez le souvenir à un des cinq sens.

a. Le café de ma grand-mère sentait bon dans toute la maison. • 5   • **1.** le toucher

b. Chaque matin, j'écoutais la radio. • 4   • **2.** la vue

c. Je me rappelle la matière de son costume pailleté. • 1   • **3.** le goût

d. Je me souviens de la couleur blanche de sa barbe. • 2   • **4.** l'ouïe

e. La saveur de la soupe de Lily est inoubliable. • 3   • **5.** l'odorat

Grammaire

[LES PRONOMS *Y* ET *EN*]

1 Complétez les phrases avec les pronoms *en* ou *y*.

a. Nous n'avons pas le temps d'aller jusqu'au lagon. Nous ...Y... reviendrons dans deux jours.

b. Je suis arrivée en Guadeloupe il y a trois ans. J'..en.... partirai peut-être un jour.

c. J'ai passé de mauvaises vacances à la montagne. Je n'..Y.. reviendrai pas.

d. Il est parti depuis six mois en Sicile. Nous pensons qu'il va s'..Y.. installer.

e. Dolores et Pascal sont arrivés dans les Pyrénées et ne veulent plus ..Y......... repartir.

f. Lison est partie seule en vacances à Chamonix. Elle ..Y.. est restée 15 jours.

[LES PRONOMS *Y* ET *EN*]

2 Remplacez les mots soulignés par *y* ou *en*.

Exemple : *Je ne reviens pas <u>dans cet hôtel</u>.* → *Je n'y reviens pas.*

a. Nous partons <u>du Canada</u> demain.

b. Pour aller <u>à Ajaccio</u>, nous prenons le bateau.

....

c. Je reviens <u>de La Réunion</u> dans deux jours.

....

d. Les touristes viennent <u>sur l'île</u> pour voir le château.

....

e. Nous sommes partis tous les deux en vacances <u>au Bénin</u>.

....

[LES PRONOMS *Y* ET *EN*] 📖 p. 33

3 Que remplacent *en* et *y* ? Associez la devinette à sa réponse.

a. Les touristes y vont pour ses plages de sable blanc. •   • **1.** La mer.

b. Les alpinistes en reviennent heureux.   •   • **2.** Les réserves naturelles.

c. Les enfants y font des châteaux de sable.   •   • **3.** La plage.

d. On en sort en maillot de bain.   •   • **4.** La Martinique.

e. La nature y est protégée.   •   • **5.** La montagne.

[LES PRONOMS *Y* ET *EN*] 📖 p. 33

4 Répondez aux questions en utilisant *en* ou *y*.

a. – Tu reviens de Toulouse ?

– Oui, *j'en reviens (à présent)*

b. – Vous êtes allé(e) à Paris ?

– Non, *je n'y est allié*

c. – Vous allez partir de Bruxelles ?

– Oui, *j'en partir a 12:00h*

d. – Tu es allé(e) à la mer pendant les vacances ?

– Oui, *je y allee a Nisa*

e. – Vous êtes revenus de Paris ?

– Non, *je m'en revenus*

f. – Vous êtes allés à l'école aujourd'hui ?

– Non, *je n'y est*

Vocabulaire

[LA MÉTÉO] p. 35

1 Remettez les lettres dans l'ordre
et trouvez le nom des phénomènes météo.

a. T – V – N – E : ....

b. L – E – P – I – U : ....

c. H – E – L – C – A – U – R : ....

d. R – O – G – A – E : ....

e. M – P – T – E – T – E – E : ....

f. I – L – O – S – L – E : ....

[LA MÉTÉO] p. 35

2 Complétez le bulletin météo. Aidez-vous des illustrations.

Exemple : *Lundi → Pluie, soleil, nuages*

Mardi : ....

Mercredi : ....

Jeudi : ....

Vendredi : ....

Grammaire

[LA PLACE DE L'ADJECTIF] p. 37

Entourez les adjectifs placés au bon endroit.

Une (petite) pensée (petite) du Mont-Blanc. (Incontournable) Un lieu (incontournable) de notre (super) séjour (super) ! Après une pause dans un (bon) restaurant (bon), nous repartons sur les pistes de ski. . Nous avons fait la connaissance de (chinois et américains) touristes (chinois et américains). (Beau) temps (beau) aujourd'hui.

Communication

[POUR RACONTER DES SOUVENIRS] p. 29 p. 32

Le site « Copains d'enfance » permet de retrouver ses copains d'école. Vous racontez un bon ou un mauvais souvenir d'école sur ce site (50 mots).

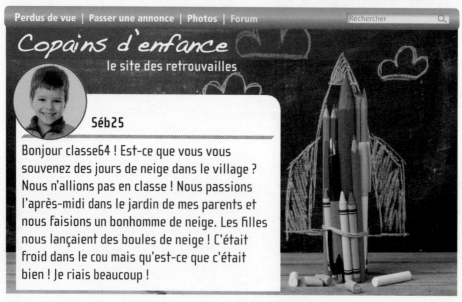

Perdus de vue | Passer une annonce | Photos | Forum   Rechercher

Copains d'enfance
le site des retrouvailles

Séb25

Bonjour classe64 ! Est-ce que vous vous souvenez des jours de neige dans le village ? Nous n'allions pas en classe ! Nous passions l'après-midi dans le jardin de mes parents et nous faisions un bonhomme de neige. Les filles nous lançaient des boules de neige ! C'était froid dans le cou mais qu'est-ce que c'était bien ! Je riais beaucoup !

....

....

....

....

Phonétique — La liaison obligatoire avec le pronom *en*

Repérage p. 38

1 Écoutez et dites combien de fois vous entendez le son [n] dans les phrases. *cd 10*

	a	b	c	d	e	f	g
Pas de son [n]	X						
Une fois							
Deux fois							

Entraînement

2 Écoutez les phrases suivantes et soulignez les liaisons. *cd 11*

a. Elle en sort ou elle en est sortie ?

b. Tu en viens ou tu en es venu ?

c. Tu en décolles ou tu n'en as pas décollé ?

d. Elle en revient ou elle en est venue ?

e. Il en arrive ou il n'en est pas sorti ?

f. Tu en es venu ou tu n'en es pas venu ?

g. Tu en arrives ou tu n'en arrives pas ?

3 Lisez et soulignez les liaisons dans les phrases suivantes.
Puis écoutez l'enregistrement pour vérifier votre prononciation. *cd 12*

a. Paul en est parti. Il en part.

b. Il en est revenu. Il en revient.

c. Tu en es sorti. Tu en sors.

d. Tu en pars. Tu en es parti.

e. J'en arrive. J'en suis revenu.

f. Il en repart. Il en est reparti.

g. Elle en est descendue. Elle en descend.

📖 Compréhension écrite

Lisez ce document et répondez aux questions.

Rencontre avec Sylvain Féron, auteur de récits de voyage

Le journaliste : Vous êtes l'auteur de nombreux récits de voyage et vous avez fait plusieurs fois le tour du monde. Votre dernier livre raconte vos aventures dans les montagnes des Pyrénées. Pouvez-vous nous en parler ?

Sylvain Féron : Mon aventure dans les Pyrénées a commencé quand j'avais vingt ans. J'y suis allé chaque année depuis cette époque. J'ai de nombreux souvenirs à vous raconter.

Le journaliste : Fermez les yeux. Je vous dis O, O comme Odeur. Pouvez-vous évoquer le souvenir d'une odeur ?

S. F. : Pendant mon dernier voyage, je me promenais dans les prairies près de mon chalet et je sentais le doux parfum des fleurs sauvages. C'était une odeur très agréable.

Le journaliste : Maintenant, je vous dis I, I comme Image. Quelle image avez-vous en mémoire ?

S. F. : Je me rappelle cette belle montagne enneigée au mois de décembre 2015. On ne voyait pas le sommet. Il y avait beaucoup de brouillard. Il faisait très froid. Le lac était gelé.

Le journaliste : Je vous propose une dernière lettre de l'alphabet. La lettre R, comme rencontre.

S. F. : J'ai de très beaux souvenirs d'amitié et de rencontres dans ce petit village des Pyrénées. Je suis nostalgique de ces moments.

Compréhension

1 Sylvain Féron est :

○ journaliste.   ○ randonneur.   ○ auteur de récits de voyage.

2 Il évoque :

○ un voyage à la mer.   ○ un souvenir de vacances.   ○ ses aventures dans les Pyrénées.

3 Sylvain Féron se souvient (plusieurs réponses possibles) :
○ de la vue sur la montagne enneigée.
○ du soleil sur les sommets.
○ de l'odeur des fleurs sauvages.

4 Il raconte des :

○ bons souvenirs.   ○ mauvais souvenirs.

5 Quelle est la météo en décembre 2015 dans les Pyrénées ?

....

6 Quel est le sentiment de Sylvain Féron quand il raconte le souvenir de ses rencontres ?

....

Vocabulaire

7 Quels mots évoquent dans le texte un paysage de montagne ? Relevez les six mots du texte.

- .... • .... • ....
- .... • .... • ....

Production écrite

Vous vous rappelez trois souvenirs : le souvenir d'une saveur, d'un bruit et le souvenir d'une rencontre. Racontez-les. (60-80 mots)

Mes trois souvenirs

S comme Saveur...

....

....

....

B comme Bruit...

....

....

....

R comme Rencontre...

....

....

....

Détente

1 Associez la photo à son commentaire.

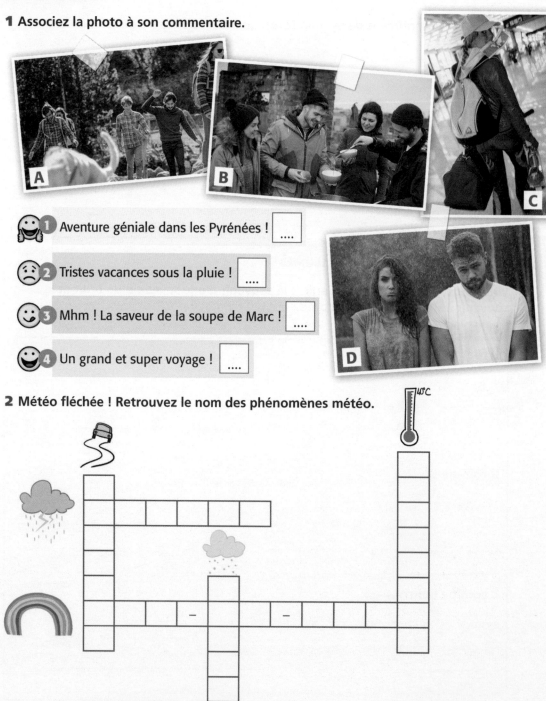

1 Aventure géniale dans les Pyrénées ! ....

2 Tristes vacances sous la pluie ! ....

3 Mhm ! La saveur de la soupe de Marc ! ....

4 Un grand et super voyage ! ....

2 Météo fléchée ! Retrouvez le nom des phénomènes météo.

À LA RECHERCHE D'UN TOIT

Grammaire

[LES PRONOMS RELATIFS] p. 44

1 Quels mots remplacent les pronoms relatifs ?

> Les appartements que nous vendons ont des superficies variées. Nous pouvons vous proposer des appartements qui ont une, deux ou trois pièces. Ils sont situés dans des immeubles où tout est neuf. Les immeubles sont situés dans un quartier où il y a des commerces, des cinémas, et des transports en commun. Nos architectes qui ont dessiné ces résidences ont pensé aux gens qui allaient les habiter. Martin Dulac que vous allez rencontrer, va vous faire visiter l'appartement qu'il a décoré.

a. *que = les appartements*

b. qui = ...

c. où = ...

d. où = ...

e. qui = ...

f. qui = ...

g. que = ...

h. qu' = ...

[LES PRONOMS RELATIFS] p. 44

2 Associez les éléments pour former des phrases.

a. Quelle est la ville où • • **1.** il trouve sympathique.

b. Quel est le pays que • • **2.** vous avez rencontré chez nous.

c. J'ai une amie qui • • **3.** il y a une piscine sur le toit.

d. Nos bureaux sont dans un immeuble où • • **4.** tu as acheté.

e. J'ai visité l'appartement que • • **5.** tu préfères ?

f. J'ai visité l'appartement qui • • **6.** est équipé de deux salles de bains.

g. Il a un propriétaire qu' • • **7.** tu es né : Paris ou Dakar ?

h. C'est le locataire que • • **8.** a un studio au Luxembourg.

[LES PRONOMS RELATIFS] p. 44

3 Complétez les phrases avec les pronoms relatifs *qui, que* ou *qu'*.

a. Alice et moi avons trouvé un logement → .... est très confortable.

→ .... nous aimons beaucoup.

b. C'est un appartement → .... tu vas voir demain.

→ .... a deux pièces.

c. Le propriétaire est un collègue → .... tu m'as présenté à ton anniversaire.

→ .... s'appelle Léo.

d. Il y a une chambre à coucher → .... fait 12 m².

→ .... j'aime beaucoup.

e. Alice apprécie le salon → .... elle peut aussi utiliser comme bureau.

→ .... est grand et lumineux.

f. Demain soir nous invitons nos amis → .... s'appellent Paul et Luc.

→ .... nous connaissons depuis longtemps.

[LES PRONOMS RELATIFS] p. 44

4 Reformulez les phrases avec *qui, que* et *où*.

Exemple : *J'ai trouvé un nouvel appartement.* <u>Ce nouvel appartement</u> *est situé près de l'université.* <u>Dans ce nouvel appartement</u>, *d'autres étudiants vivent aussi.*
→ *J'ai trouvé un nouvel appartement* <u>qui</u> *est situé près de l'université et* <u>où</u> *d'autres étudiants vivent aussi.*

a. J'habite avec d'autres étudiants. Je ne connaissais pas <u>ces étudiants</u> avant. <u>Ils</u> étudient des matières très différentes.

→ ....

b. Nous sommes contents des cinq chambres. <u>Ces cinq chambres</u> sont petites mais agréables. <u>Dans ces cinq chambres</u>, il y a un lit, une armoire et un bureau.

→ ....

c. Nous avons deux salles de bains. Nous partageons <u>ces deux salles de bains</u>. <u>Elles</u> ne sont pas très modernes !

→ ....

d. J'aime étudier ou lire dans la cuisine. <u>Dans la cuisine</u>, il y a une grande fenêtre et beaucoup de lumière. <u>La cuisine</u> est plus calme que le salon.

→ ....

Vocabulaire

[LES TYPES DE LOGEMENT ET LES HABITANTS] p. 45

1 Associez les descriptions aux personnes.
a. Ils partagent un appartement mais ils ne sont pas de la même famille.
b. La famille rêve d'acheter un appartement de quatre pièces, mais cela coûte cher !
c. Ils habitent au premier étage comme nous et ils sont très sympathiques.
d. Sa chambre est petite. Il partage la cuisine avec d'autres étudiants.

1. Mathieu, en résidence universitaire : ....
2. Emma, Samuel et leur fille Léa, locataires de leur résidence principale : ....
3. Inès et Yassine, voisins : ....
4. Sonia et Antoine, colocataires : ....

[LES TYPES DE LOGEMENT ET LES HABITANTS] p. 45

2 Complétez le dialogue avec les mots suivants : *rez-de-chaussée / loyer / lumineux / propriétaire / annonce / vue / calme.*

– Bonjour, je viens de lire une .... pour un F2.

– Allô, bonjour, je suis le .... de cet appartement.

– L'appartement est au ...., est-ce qu'il est sombre… bruyant ?

– Non, Madame, il est .... et ....

– Il a la .... sur la rue ou sur la cour ?

– Sur la rue. Le .... est de 1 300 €.

[LES PIÈCES D'UN LOGEMENT] p. 45

3 Écoutez l'enregistrement et dites à quel appartement correspond chaque description.

cd
13

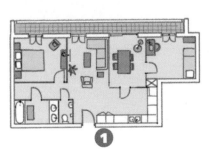

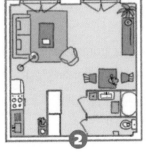

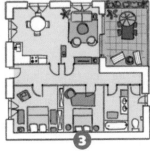

....

 **Grammaire**

[LA COMPARAISON] p. 47

1 Entourez la forme correcte dans les phrases suivantes.

a. Les villes en bord de mer ont (moins que / moins de / aussi que) résidences principales que de maisons de vacances.

b. À Paris, la rue Daguerre est (mieux / autant / aussi) commerçante que la rue Mouffetard.

c. Le long du fleuve, les loyers sont (plus d' / plus / autant) élevés que dans les autres quartiers de la ville.

d. Les logements neufs ont des (plus / meilleurs / autant de) équipements que les logements anciens.

e. Mon salon est (autant / moins / autant d') grand que ma salle à manger.

f. Dans mon immeuble, il y a (plus / autant d' / aussi) étudiants que de personnes qui travaillent.

[LA COMPARAISON] p. 47

2 Complétez les phrases suivantes avec des comparatifs d'égalité, d'infériorité ou de supériorité comme indiqué.

Exemple : *Mon quartier est … animé … le quartier de l'université. (=)* → *Mon quartier est aussi animé que le quartier de l'université.*

a. À Bordeaux, il y a .... étudiants .... à Toulouse. (=)

b. Les chambres d'étudiants sont .... grandes ....

les studios. (–)

c. Les péniches sont des logements .... rares ....

les maisons. (+)

d. Il y a .... de bureaux à Bruxelles .... à Paris. (–)

e. Pour une famille, une maison avec jardin c'est .... pratique

.... un appartement. (+)

f. Le petit studio de mon voisin est .... lumineux .... mon

F2. (=)

Vocabulaire

[LES MEUBLES ET L'ÉQUIPEMENT DE LA MAISON] p. 49

1 Barrez l'intrus.

a. la couette – le lit – l'oreiller – la vaisselle – le linge de lit

b. le four – l'armoire – le placard – l'étagère – la bibliothèque

c. le bureau – le lave-vaisselle – la table – la table basse – le tabouret

d. le fauteuil – le canapé – le tabouret – l'armoire – la chaise longue

[LE QUARTIER, LA VILLE] p. 49

2 Écoutez la description des quartiers et choisissez le bon adjectif (plusieurs réponses sont possibles).

cd 14

C'est un quartier :	a	b	c	d
calme le soir.				
commerçant.				
touristique et chic.				
historique.				
animé.				
moderne.				
populaire.				

[LES ÉDIFICES EN VILLE ET LES LIEUX PUBLICS] p. 49

3 Écrivez le nom des lieux et des bâtiments illustrés.

1. ....
2. ....
1. et 2. ....
3. ....
4. ....
5. ....
6. ....
7. ....

 **Grammaire**

[LES PRONOMS POSSESSIFS] p. 51

1 Lisez le dialogue et entourez la forme correcte des pronoms possessifs.

– Ma résidence secondaire a deux salles de bains et *(le vôtre / la sienne / la vôtre)* ?

– *(Le nôtre / Les nôtres / La nôtre)* ressemble à la maison de la famille Leluc.

– Votre maison est plus moderne, *(les leurs / le leur / la leur)* est plus traditionnelle.

– Au fait, vous avez visité l'appartement de Pierre à Cannes ?

– Ah, ce n'est pas *(les siennes / le sien / la sienne)* : cet appartement appartient à des amis.

– Vos informations sont plus précises que *(la mienne / le tien / les miennes)* !

[LES PRONOMS POSSESSIFS] p. 51

2 Vous n'êtes pas d'accord avec Alice. Faites des phrases à la forme négative et utilisez les pronoms possessifs comme dans l'exemple.
Exemple : *C'est ma chaise !* → *Non, ce n'est pas la tienne !*

a. C'est le bureau de Patrick ! → Non, ...

b. C'est votre placard ! → Non, ...

c. Ce sont tes chaises ! → Non, ...

d. C'est la commode de tes amis ! → Non, ...

e. C'est l'étagère de Lucie ! → Non, ...

f. C'est notre fauteuil ! → Non, ...

 Communication

[SITUER UN LOGEMENT - DÉCRIRE UN LIEU] p. 42 p. 51

Thomas et Marc se rencontrent dans la rue. Lisez les questions de Thomas et imaginez les réponses de Marc.

Thomas : Bonjour Marc ! Que fais-tu dans mon quartier ?

Marc : ....

Thomas : Nous ne nous sommes jamais rencontrés ! Où est-ce que tu habites ?

Marc : ....

....

Thomas : Moi aussi j'habite rue du Château, en face de la piscine. Tu aimes le quartier ?

Marc : ....

....

Phonétique   **Prononcer *plus***

Repérage   p. 52

1 Écoutez les phrases et dites si « plus » se prononce [ply], [plys] ou [plyz] ?   cd 15

	a	b	c	d	e	f	g
[ply]	x						
[plys]							
[plyz]							

Entraînement

2 Écoutez et transformez à l'oral les phrases, comme dans les exemples.

A. Exemple : *Mon appartement est grand.*   cd 16
→ *Mon appartement est plus grand.*
a. Ma rue est animée.
b. Mon quartier est calme.
c. Ma ville est intéressante.

B. Exemple : *Je travaille.*   cd 17
→ *Tu travailles plus.*
a. Je construis.
b. J'embellis.
c. Je démolis.

> Quand **plus** signifie *davantage* et qu'il est placé en fin de phrase, il se prononce **[plys]**.

Phonie-graphie

1 Lisez les phrases et dites comment se prononce le mot « plus »
dans chaque phrase.
a. Les transports sont plus près.
○ [ply]   ○ [plys]   ○ [plyz]

b. Ils construisent plus.
○ [ply]   ○ [plys]   ○ [plyz]

c. Il y a plus d'habitants.
○ [ply]   ○ [plys]   ○ [plyz]

d. Les voisins sont plus amicaux.
○ [ply]   ○ [plys]   ○ [plyz]

e. Le quartier est plus chic.
○ [ply]   ○ [plys]   ○ [plyz]

f. La rue est plus animée.
○ [ply]   ○ [plys]   ○ [plyz]

2 Écoutez l'enregistrement et vérifiez vos réponses. cd 18

Compréhension orale

STUDY HÔTEL,
UNE RÉSIDENCE OUVERTE À TOUS

Compréhension

Écoutez le document et répondez aux questions. cd 19

1 C'est un reportage sur...
○ des étudiants.   ○ des travailleurs.
○ des personnes âgées.

**2 La résidence hôtelière fonctionne comme
un hôtel classique.**
○ vrai   ○ faux

3 Les étudiants...
○ doivent préparer leur petit déjeuner.   ○ doivent faire leur lit.
○ ont accès à tous les services.

4 Pour le dîner...
○ chaque étudiant a sa cuisine. ○ il y a une cuisine pour tous. ○ il y a un restaurant.

**5 Les magasins d'alimentation et les transports en commun sont loin de la
résidence.**
○ vrai   ○ faux

6 Le prix des studios est...
○ très cher.   ○ cher.   ○ abordable.

Vocabulaire

7 Cochez la bonne définition.

a. « La rentrée », c'est :
○ le début de l'année universitaire.   ○ le retour à la maison.

b. « Les plaques chauffantes » sont utiles pour :
○ dormir.   ○ préparer à manger.

c. « La coopérative paysanne », c'est :
○ un musée.   ○ un magasin d'alimentation.

Production orale

[JEUX DE RÔLE]

À deux. Choisissez la fiche A ou B. Échangez vos informations avec votre partenaire pour compléter les informations manquantes d'une annonce immobilière.

Apprenant A

À louer : .... de type T3, ... Saint-Jean,

près de la ....

À deux pas du ...., ... euros par mois.

90 m² : séjour, ... chambres, cuisine équipée, salle de bains.

2ᵉ étage. Terrasse .... avec vue sur le parc. Chauffage électrique.

Cave de 10 m². Garage à ....

Apprenant B

À louer : appartement de type T3, quartier Saint-Jean, près de la gare.

À deux pas du centre-ville, 800 euros par mois.

.... m² : séjour, 2 chambres, cuisine ...., ...

.... étage. Terrasse agréable avec .... sur le parc.

Chauffage ....

.... de 10 m². .... à 2 minutes à pied.

Préparation au DELF A2 **Compréhension des écrits**

[STRATÉGIES] p. 40

Lisez le document et répondez aux questions.

www.vivelacoloc.fr

Les dernières annonces S'inscrire > **Publier votre annonce** > **Recherche colocataire**

▶ **Annonce n° M134**

Colocation à Toulouse

Date de publication > 28/04/2016

Mes infos > Marion, femme, 27 ans

Ville > **Toulouse**

Loyer > 104 €/semaine (charges comprises)

Disponibilité à partir du > 15/05/2016

 Bonjour à tous,
Je m'appelle Marion, j'ai 27 ans et je suis comédienne. J'aime les soirées tranquilles mais aussi faire la fête. Je suis sportive et sociable ! Je recherche une colocataire pour partager un appartement de 70m² composé d'une entrée, d'une cuisine équipée (plaques chauffantes, four, lave-vaisselle, réfrigérateur), d'un séjour, d'une salle de bains neuve et de deux grandes chambres. Il y a de l'espace, l'appartement est lumineux, il est situé dans une rue calme, à proximité des commerces. L'immeuble est à 10 minutes du métro et à 15 minutes à pied de la place du Capitole.
N'hésitez pas à me contacter pour plus d'infos !

Répondre

1 Ce document est...
○ une publicité dans un journal.
○ un message personnel.
○ une annonce sur le web.

2 Marion donne des informations sur...
○ sa personnalité.
○ la ville.
○ le propriétaire de l'appartement.

3 Marion veut...
○ habiter toute seule.
○ partager son appartement.
○ changer d'appartement.

4 L'appartement est...
○ petit mais clair.   ○ sombre.   ○ grand et clair.

ON N'ARRÊTE PAS LE PROGRÈS

 **Grammaire**

[LE FUTUR SIMPLE] p. 58

1 Écoutez et cochez les phrases au futur simple. cd 20

	a	b	c	d	e	f	g
Futur simple	X						

[LE FUTUR SIMPLE] p. 58

2 Reliez les éléments pour former des phrases au futur simple.

a. Dans dix ans, les robots •

b. Partout en ville, nous •

c. Bientôt, vous •

d. Dans le futur, notre façon de vivre •

e. Dans cinq ans, tu •

f. Dans quelques années, il •

• 1. ne pourras pas vivre sans ordinateur.

• 2. apparaîtront de plus en plus dans notre quotidien.

• 3. faudra s'adapter aux changements technologiques.

• 4. ferez vos courses seulement sur internet.

• 5. devra évoluer.

• 6. trouverons des connexions wi-fi.

[LE FUTUR SIMPLE] p. 58

3 Entourez les verbes qui ont un futur irrégulier.

a. Il demandera quelque chose. – b. Vous pourrez répondre. – c. Vous choisirez la bonne réponse. – d. Il ne saura jamais. – e. Il ne te verra pas. – f. On ira partout. – g. On se promènera dans les rues. – h. Tu auras faim. – i. Il pleuvra toute la matinée. – j. Il faudra acheter un ordinateur. – k. Ils conduiront leur voiture.

Trouvez l'infinitif de ces verbes. ....

....

[LE FUTUR SIMPLE] p. 58

4 Conjuguez les verbes entre parenthèses au futur simple.

a. Bientôt, les objets connectés (être) .... indispensables.

b. Dans trente ans, nous (avoir) .... une vie très différente.

c. Demain, vous (venir) .... présenter votre découverte.

d. Dans le futur, l'ordinateur (pouvoir) .... être de plus en plus performant.

e. Dans dix ans, tu (devoir) .... apprendre un autre métier.

[LE FUTUR SIMPLE] p. 58

5 Imaginez la vie de Romane. À l'aide des éléments suivants, faites des phrases au futur simple : *étudier à l'université des sciences / parler avec un robot / inventer un robot / être très dynamique / savoir cuisiner.*

Aujourd'hui, Romane a 10 ans.

Dans 10 ans, elle .... Dans 30 ans, elle .... Dans 70 ans, elle ....

....

....

AàZ Vocabulaire

[LES SCIENCES ET TECHNIQUES] p. 59

1 Barrez l'intrus.

a. la nouveauté – le changement – l'innovation – l'appareil – le développement

b. l'inventeur – la tablette – le scientifique – le constructeur – l'ingénieur

c. le mécanisme – le moteur – l'outil – l'appareil – l'évolution

d. l'ordinateur – le téléphone portable – la chercheuse – le GPS – internet

[LES SCIENCES ET TECHNIQUES]

2 Écoutez et associez les images aux situations.

1. Situation …   **2.** Situation …   **3.** Situation …   **4.** Situation …

[LE FONCTIONNEMENT ET L'UTILITÉ DES OBJETS]

3 Complétez les phrases avec les mots qui conviennent : *indispensable / automatiques / fonctionne / robotisation / performant / inutiles / pratique.*

a. Le téléphone portable est devenu un appareil très ....

b. Je ne peux pas vivre sans tablette. Pour moi, c'est ....

c. J'ai une vieille voiture, le moteur .... encore. Elle est

petite et .... pour aller au centre-ville.

d. Moi, j'aime avoir un carnet, un crayon ou un livre dans les mains. Je trouve toutes

ces nouveautés technologiques ....

e. Dans mon usine, il y a de nombreux appareils ....

Dans dix ans, la .... changera notre travail.

 Grammaire

[LA CONDITION AVEC *SI*]

1 Écoutez les phrases et dites si elles expriment une condition ou une certitude.

	a	b	c	d	e	f
Condition						
Certitude						

[LA CONDITION AVEC *SI*] p. 61

2 Remettez les mots dans l'ordre pour faire des phrases.

Exemple : *tu / n'es / peux / au cinéma. / pas fatigué, / m'accompagner / Si tu*
→ *Si tu n'es pas fatigué, tu peux m'accompagner au cinéma.*

a. viens me voir / la ville. / Si tu / je / à Toulouse, / je t'emmènerai / visiter

→ ....

b. je / mon livre. / prends / Quand je / lis / le métro,

→ ....

c. ne regarde pas / est / son smartphone. / Quand on / avec des amis, / on

→ ....

d. aussi. / partent / partirai / vivre à la campagne, / Si mes meilleurs amis / je

→ ....

e. regarder / prends / dans le train. / Si tu / ta tablette, / tu peux / des films

→ ....

[LA CONDITION AVEC *SI*] p. 61

3 Répondez aux questions. Utilisez le présent ou le futur et les expressions suivantes : *aller demain au magasin / répondre au téléphone / lire tout de suite le message / rentrer chez moi le chercher / arrêter de parler / écouter la chanson.*

Exemple : *Que faites-vous si vos amis lisent leurs messages à table ?* → *Si mes amis lisent leurs messages à table, j'arrête de parler.*

a. Que ferez-vous si vous oubliez votre téléphone ?

→ ....

b. Que faites-vous quand vous recevez un SMS ?

→ ....

c. Que ferez-vous si vous cassez votre smartphone ?

→ ....

d. En réunion, que faites-vous si vos amis vous téléphonent ?

→ ....

e. Que ferez-vous si votre collègue écoute de la musique sur sa tablette ?

→ ....

 **Vocabulaire**

[INTERNET] p. 63

1 Écoutez et cochez les habitudes des personnes (plusieurs réponses possibles par personne). cd 23

Léon	Sandie	Annie	Karim	
				Il / Elle lit ses mails sur son smartphone.
				Il / Elle va très souvent sur les réseaux sociaux avec son téléphone.
				Il / Elle télécharge des livres, des images et des vidéos sur son ordinateur.
				Il / Elle utilise son ordinateur pour naviguer sur internet ou lire ses mails. Il / Elle n'a pas de smartphone.
				Il / Elle travaille sur son ordinateur portable.

[L'ORDINATEUR ET INTERNET] p. 63

2 Remettez dans l'ordre les différentes étapes.
a. Le site s'ouvre.
b. Je clique avec la souris sur l'icône internet.
c. Quand j'ai fini de naviguer, j'éteins mon ordinateur.
d. Je clique sur une image qui m'intéresse.
e. J'allume mon ordinateur.
f. Avec le clavier, je tape l'adresse d'un site.
g. Je télécharge l'image sur mon ordinateur.

1	2	3	4	5	6	7
e						

[LA MESSAGERIE ÉLECTRONIQUE] p. 63

3 Complétez le dialogue avec les mots suivants : *cliques / pièce jointe / reçois / souris / boîte de réception / mot de passe.*

– Allô Sarah, c'est grand-père, je viens d'allumer l'ordinateur. Tu peux m'aider ?

– Bien sûr ! Tu as encore oublié ton _mot de passe_ ?

– Non, je ne comprends pas où je peux lire les courriels que je _reçois_ .

– Tu cherches la _boîte de reception_ , c'est ça ? Je t'ai envoyé un mail avec une _pièce jointe_ , c'est une photo.

– Oui, mais je n'arrive pas à l'ouvrir !

– Tu ...... *Cliques* .... sur la petite icône de l'image.

– Euh… Je fais ça avec la ...... *souris* .... ? Je mets la petite flèche

dessus et j'appuie deux fois ? Oh ! C'est moi avec mamie cet été ! Merci !

Grammaire

[LE PRONOM *ON*] p. 65

1 Écoutez les phrases et dites quel est le sens de *on*.

cd 24

	a	b	c	d	e	f
Les gens						
Nous						
Quelqu'un	X					

[LE PRONOM *ON*] p. 65

2 Transformez les phrases avec le pronom *on* quand c'est possible.

No *(quelque une)*
a. Vous allez sur internet. → *On vous allez sur internet*

b. Nous choisissons un livre. → *On choisit un livre*

c. Les gens font des recherches sur l'auteur du livre. → *On fait de recherches sur…*

d. Quelqu'un télécharge la vidéo. → *On télécharge*

No **e.** Tu es prêt à le lire. → ....

Communication

[POUR EXPRIMER SON INTENTION DE FAIRE QUELQUE CHOSE] p. 60

Vous promettez à votre ami Emmanuel de changer vos habitudes pendant les vacances.

Emmanuel : Je ne veux plus partir en vacances avec toi ! Tu es toujours au téléphone ! Tu regardes tes SMS, tu réponds aux messages. C'est très désagréable.

Vous : ....

....

Emmanuel : Je ne peux jamais parler avec toi ! Tu écoutes toujours de la musique !

Vous : ....

Emmanuel : Dans le train, tu regardes des films sur ta tablette.

Vous : ....

Emmanuel : Non, je ne te crois pas ! Tu ne peux pas vivre sans tes écrans !

Vous : ....

Phonétique — **Les nasales [ɑ̃], [ɔ̃] et [ɛ̃]**

Repérage p. 66

1 Écoutez et dites dans quel ordre entendez-vous le son [ɑ̃] et le son [ɔ̃]. cd 25

	a	b	c	d	e	f
[ɑ̃] est avant [ɔ̃]						
[ɔ̃] est avant [ɑ̃]						

Entraînement

2 Lisez à voix haute puis soulignez le son [ɛ̃], entourez le son ([ɑ̃]) et encadrez le son [[ɔ̃]]. cd 26

a. Nous avons besoin d'un cours d'informatique avec un ingénieur.

b. Dans onze ans, il y aura de grands changements dans de nombreux domaines.

c. Que pensons-nous de l'automatisation et de la robotisation ?

d. Il est important et indispensable de comprendre le futur.

e. On empêche souvent le développement et l'innovation.

Écoutez l'enregistrement pour vérifier votre prononciation.

Phonie-graphie

Écoutez et complétez les mots avec les graphies des sons [ɑ̃], [ɛ̃] et [ɔ̃]. cd 27

a. La mais............ intellig............te ch............gera notre vie.

b. Minuit c............q ! C'est le mom............t d'............brasser tout le m............de.

c. L'..........v..........teur p..........se à l'évoluti.......... et aux ch..........gem..........ts ....portants.

d. Le c..........structeur se s..........t tr..........quille.

e. N'ét..........s pas la télévisi.........., l'émissi.......... m'..........téresse.

f. .... appr..........d à c..........pter sur les doigts de la m.......... .

📖 Compréhension écrite

Lisez cet extrait d'article et répondez aux questions.

SNCF : Un robot humanoïde pour renseigner les voyageurs en Pays de la Loire

Il mesure 1,20 m, a une mine sympathique, emploie volontiers le tutoiement, mais n'est pas humain. Depuis mercredi, un robot humanoïde nommé Pepper renseigne les voyageurs en gare de Nort-sur-Erdre, près de Nantes.

Présentez-vous face à lui et il vous aidera à choisir votre trajet de TER ou de car, vous donnera les horaires, vous indiquera la direction des toilettes ou du centre-ville. Le tout en répondant à votre voix dans un français très correct et un vocabulaire plutôt familier : « Ok », « Nickel », « Pas de souci », « Merci pour ce moment sympa ». Quand il ne comprend pas la question ou ignore la réponse, il s'excuse : « Pardon, je suis un peu tête en l'air » ou « Même les robots peuvent se tromper ».

Les informations sont doublées par écrit sur une tablette et un agent* est à ses côtés en cas de difficulté. L'objectif n'est pas de remplacer les agents. Pepper n'est pas un vendeur et ne sait pas répondre à toutes les questions.

* Un employé.

20minutes.fr

Compréhension

1 Ce projet...
◯ est proposé dans toute la France.   ◯ est présenté dans une seule gare.
◯ n'est pas encore expérimenté.

2 Qui est Pepper ?
◯ C'est un ordinateur.   ◯ C'est un robot.   ◯ C'est un humain.

3 Physiquement...
◯ il ressemble à un animal.   ◯ il est très grand.   ◯ il est petit.

4 Que peut-il faire ?
○ Contrôler les billets.   ○ Donner des informations.
○ Réserver des places de train.

5 Est-ce qu'il parle ?
○ Non, il envoie des SMS.   ○ Oui, ses réponses sont très sympathiques.
○ Oui, il parle en français et en anglais.

6 S'il y a un problème avec Pepper…
○ on va voir un vendeur de billets.   ○ on téléphone à un agent.
○ on peut lire des informations sur un écran.

Vocabulaire

7 Devinez le sens des expressions et des mots suivants.

a. « un robot humanoïde »
○ C'est un humain.   ○ C'est un robot qui ressemble à un animal.
○ C'est un robot qui ressemble à un être humain.

b. « Nickel »
○ « Ce n'est pas bien. »   ○ « Je ne suis pas d'accord. »   ○ « C'est parfait. »

c. « Je suis un peu tête en l'air »
○ Je regarde le ciel.   ○ J'oublie des choses.   ○ Je réfléchis beaucoup.

Production écrite

**Comment sera notre vie dans 50 ans ? très technologique ou comme
maintenant ? Comment seront les ordinateurs ? les objets de la maison ?
Est-ce que nous aurons des robots ? Racontez. (60-80 mots)**

....

....

....

....

....

....

....

....

Détente

1 Dans cette grille, retrouvez neuf mots sur le thème des sciences et des technologies de la communication.

Z	I	A	P	P	E	L	B	U	R
T	N	L	R	Q	D	E	M	U	A
X	T	V	T	J	L	R	O	X	C
C	E	Q	A	E	P	O	T	P	C
L	R	P	B	M	T	B	E	A	R
A	N	N	L	A	E	O	U	T	O
V	A	X	E	S	X	T	R	O	C
I	U	P	T	U	T	M	F	M	H
E	T	C	T	N	O	H	J	I	E
R	E	N	E	C	R	A	N	C	R

2 Quiz de sciences et techniques ! Répondez à ces questions sans regarder votre livre !

a. Le concours Lépine...
○ présente des découvertes scientifiques.
○ existe depuis 1950.
○ est un concours international.

b. L'invention de la télévision date de...
○ 1942.
○ 1926.
○ 1935.

c. Qu'est-ce que le « clavardage » ?
○ Passer trop de temps devant son ordinateur.
○ Communiquer par messages sur internet.
○ Recevoir des messages publicitaires.

d. Les objets connectés...
○ peuvent se déplacer seuls.
○ envoient des messages à votre portable.
○ n'existent pas encore.

EN FORME ?

 **Grammaire**

[L'OBLIGATION ET L'INTERDICTION] `p. 72`

1 Interdiction ou obligation ? Écoutez les six règles et cochez. *cd 28*

	Règle n°1	Règle n°2	Règle n°3	Règle n°4	Règle n°5	Règle n°6
interdiction						
obligation						

[L'OBLIGATION ET L'INTERDICTION] `p. 72`

2 Observez les panneaux et écrivez les interdictions. Variez les expressions de l'interdiction.

 a. Il est interdit de dormir

 b. Il est défendu de écouter, musique ↓ de la

 c. Vous ne devez pas courir

 d. Il n'est pas permis de prendre des Photos.

[L'OBLIGATION ET L'INTERDICTION] `p. 72`

3 Conjuguez les verbes à l'impératif.

	tu	Nous	Vous
écouter	*écoute*	*écoutons*	*écoutez*
changer	change	changeons	changez
commencer	comence	commençons	commencez
dormir	dors	dormons	dormez
être	sois	soyons	soyez
rester	reste	restons	restez
s'asseoir	Assieds-toi	asseyons-nous	asseyez-vous
se relaxer	relaxe-toi	relaxons-nous	relaxez-vous

[L'OBLIGATION ET L'INTERDICTION] p. 72

4 Transformez les phrases à l'impératif négatif comme dans l'exemple.

Exemple : *Il est nécessaire de dormir.* → *Ne dormez pas.*

a. Il faut se reposer. → *Ne, repose - toi pas*

b. Il est possible d'appeler son entraîneur pendant la course. → *Ne appelez pas votre ... || || ||*

c. Il est nécessaire de manger avant le départ. → *Ne mange pas avant...*

d. Il faut être à l'écoute de son corps. → *Ne soyons pas à l'écoute de son corps*

e. Il est conseillé de se relaxer. → *Ne relaxe toi pas*

[L'OBLIGATION ET L'INTERDICTION] p. 72

5 Écrivez le règlement de la manifestation sportive « La féminine » à partir des éléments suivants :

• Être une femme pour participer
• Utiliser vélo et rollers
• Porter un numéro d'inscription sur sa tenue
• Présenter un certificat médical

Règlement de la course « La féminine »

→ ....

→ ....

→ ....

→ ....

 **Vocabulaire**

[ÊTRE MALADE] p. 73

1 Observez ces personnes et dites de quoi elles souffrent.

a. *Elle a mal à la tête.*

b. ....
....
....
....

c. ....
....
....
....

d. ....
....
....
....

[LE CORPS ET LA SANTÉ] p. 73

2 Écoutez la conversation entre la secrétaire du cabinet médical
et M. Morin. Complétez la note que la secrétaire écrit pour le médecin.

cd
29

Faire une consultation chez M. Morin.

M. Morin est malade, il a mal à ....

– Il se sent ...., il ....

– Il a le nez ....

– Il a la .... rouge.

– Il a des problèmes ....

et il a mal à ....

– Il a le .... blessé.

 **Grammaire**

[LE SUBJONCTIF PRÉSENT ET L'EXPRESSION DE LA NÉCESSITÉ] p. 75

1 Soulignez en bleu les verbes conjugués au subjonctif et en vert les verbes conjugués à l'impératif.

a. Il faut que tu trouves un bon médecin.

b. Prends le temps d'expliquer tes douleurs.

c. Bois de l'eau.

d. Il est indispensable que nous nous relaxions avant la compétition.

e. Lave-toi les mains.

f. Il ne faut pas que vous oubliiez les médicaments.

[LE SUBJONCTIF PRÉSENT ET L'EXPRESSION DE LA NÉCESSITÉ] p. 75

2 Entourez la forme verbale qui convient.

a. Il faut que nous (prenons / prenions) les médicaments.

b. Il est nécessaire que tu (comprennes / comprends) l'ordonnance.

c. Il n'est pas utile que vous (pratiquiez / pratiquez) un sport.

d. Il ne faut pas que nous (mangeons / mangions) avant le départ de la course.

e. Il faut que je (boive / bois).

f. Il faut que nous nous (lavons / lavions) après la course.

[LE SUBJONCTIF PRÉSENT ET L'EXPRESSION DE LA NÉCESSITÉ] p. 75

3 Conjuguez les verbes au subjonctif.

a. Il faut que je (ranger) _range_ mes affaires de sport.

b. Il n'est pas permis que tu (mettre) _mettes_ ces chaussures pour courir.

c. Il est nécessaire qu'elle (comprendre) _comprenne_ mes instructions.

d. Il ne faut pas que nous (oublier) _oubliions_ nos médicaments.

e. Il est important que vous (sortir) _sortiez_ .

f. Il n'est pas utile qu'ils (finir) _finissent_ le traitement.

 **Vocabulaire**

[LA SANTÉ ET LA MÉDECINE] p. 77

1 Complétez la fiche de conseils de santé aux voyageurs avec les mots suivants : *hôpital / pharmacie / dentiste / spécialiste / médecin / trousse à pharmacie / ordonnance / cabinet médical.*

Conseils de santé aux voyageurs en France

❶ Vous devez avoir une ___trousse à pharmacie___ dans votre sac de voyage.

❷ Si vous êtes malade : appelez un ___cabinet médical___ et consultez un ___médicin___ .

❸ Pour le mal aux dents, consultez un ___dentiste___ .

❹ Pour les problèmes plus graves, allez à l' ___hôpital___ et consultez un ___spécialiste___ .

❺ Où trouver des médicaments ? Il faut aller dans une ___pharmacie___ et présenter l' ___ordonnance___ du médecin.

[LES MÉDICAMENTS] p. 77

2 Écoutez l'ordonnance de Mme Poncie et, dans la liste ci-dessous, entourez les médicaments qui ne sont pas prescrits. (cd 30)

une boîte d'antibiotiques – de la crème – des ampoules – du sirop – de la pommade – des gouttes pour les yeux – un comprimé

[LA SANTÉ ET LA MÉDECINE] p. 77

3 Entourez l'intrus.

a. le certificat médical – la prescription – l'infirmier – l'ordonnance – le traitement

b. l'anxiété – le stress – la clinique – la déprime – la fatigue

c. le pharmacien – le généraliste – le dentiste – le chirurgien – l'ingénieur

Grammaire

[LE SUBJONCTIF, LA FORMATION IRRÉGULIÈRE] p. 79

1 Reliez chaque verbe conjugué à son infinitif.

a. que nous soyons • 5   • **1.** savoir
b. qu'ils fassent • 6   • **2.** pouvoir
c. que je puisse • 2   • **3.** aller
d. que j'aie • 4   • **4.** avoir
e. qu'il aille • 3   • **5.** être
f. que tu saches • 1   • **6.** faire

[LE SUBJONCTIF, LA FORMATION IRRÉGULIÈRE] p. 79

2 Conjuguez les verbes entre parenthèses.

| Forum | Médecine générale | e-docteur répond à vos questions | Ouvrir un nouvel onglet |

Loan25 ▶ Bonjour e-docteur, j'ai très mal au dos, qu'est-ce que tu me conseilles ?

e-docteur ▶ Bonjour Loan. Il faut que tu (faire) ...fasses... des exercices de relaxation.

Yris65 ▶ Bonjour e-docteur, j'ai une compétition dans deux jours mais je souffre du genou. Quel est votre premier conseil ?

e-docteur ▶ Bonjour Yris. Le jour de la course, il est utile que vous (avoir) ...ayez... .... vos antidouleurs dans votre trousse à pharmacie.

Fabia ▶ Bonjour e-docteur, ma fille a très mal à la tête depuis trois jours.

e-docteur ▶ Il est indispensable qu'elle (aller) ...aille... chez un médecin.

Tristan ▶ Urgent !! Mes parents ont la grippe. Qu'est-ce que vous leur conseillez ?

e-docteur ▶ Il est nécessaire qu'ils (avoir) ...aient... un traitement antibiotique.

Arnaud64 ▶ Urgent : ma sœur a des boutons sur tout le corps !

e-docteur ▶ Il faut qu'elle (mettre) ...mette... une pommade adaptée.

*Ce forum médical est fictif. Rien ne remplace un rendez-vous chez le médecin.

Communication

[PARLER DE PROBLÈMES DE SANTÉ] p. 71

Vous êtes malade, parlez de vos problèmes de santé à votre ami qui vous donne des conseils.

> Salut Arnaud, je suis malade. . . . .

> Pour commencer, il est nécessaire que tu prennes du sirop pour la toux et des antalgiques.

> Et. . . . .

> Pour ce problème, il faut que tu consultes un médecin. On ne sait jamais avec les problèmes digestifs…

> . . . .

> À mon avis, tu devrais te reposer, te relaxer, prendre des vacances. Moi, d'habitude, je prends des vitamines pour retrouver l'énergie.

Phonétique Le son [j]

Repérage p. 80

1 Écoutez et dites si les mots sont identiques (=) ou différents (≠).

cd
31

	a	b	c	d	e	f
=						
≠						

Entraînement

2 Lisez les phrases à voix haute et soulignez les sons [j].
Puis écoutez pour vérifier votre prononciation.

a. Veuillez manger moins pour améliorer votre sommeil et votre digestion.

b. Reste tranquille, il faut que tu ailles mieux pour la compétition.

c. L'infirmier a reconnu les symptômes physiques.

d. Il me conseille la meilleure pharmacie de la ville.

e. Le pharmacien a dit deux cuillères de sirop, pas toute la bouteille !

f. La chirurgienne travaille avec concentration et application sur l'orteil du patient.

Phonie-graphie

Écoutez ces mots qui contiennent le son [j] et écrivez-les dans la colonne qui convient.

voyelle + « y » + voyelle	« i » + voyelle prononcée	voyelle + « il » à la fin d'un mot	« ill »
…..	…..	*l'œil* …..	…..

Compréhension orale

Mme Laurencin ne se sent pas bien

Écoutez cette conversation et répondez aux questions.

1 La scène se passe…
○ chez le médecin.
○ à la pharmacie.
○ dans un hôpital.

2 De quelle maladie souffre Mme Laurencin ?

3 Que doit prendre Mme Laurencin à chaque repas ?

....

4 Quels sont les symptômes de Mme Laurencin ? (plusieurs réponses)
O Elle a de la fièvre.   O Elle a mal à la gorge.   O Elle éternue.
O Elle tousse.   O Elle a mal à la tête.

5 Quels conseils le pharmacien donne-t-il à Mme Laurencin...

a. pour sa gorge ?

....

....

b. pour sa toux ?

....

....

6 Qu'est-ce que Mme Laurencin doit faire et qui est important selon le pharmacien ?

....

....

 Production orale

[JEUX DE RÔLE]

À deux. Choisissez la fiche A ou B. Prenez connaissance des informations de votre fiche et jouez la scène avec votre partenaire.

Apprenant A

Vous êtes stressé(e) par votre travail. Vous êtes fatigué(e) et déprimé(e). Vous avez tout le temps mal au dos. Vous appelez un(e) ami(e) et vous lui racontez vos douleurs morales et physiques.

Apprenant B

Vous conseillez à votre ami(e) d'aller consulter un médecin ou un spécialiste, vous lui donnez des conseils pour qu'elle/il ait confiance en elle/lui et vous lui proposez une médecine douce pour retrouver le moral et la forme.

Préparation au DELF A2 **Production écrite**

[STRATÉGIES] p. 68

Vous avez reçu le courriel suivant :

○ ○ ○

Objet : Besoin de tes conseils !!

Bonjour,

Alors comment vas-tu ?
Moi, je ne suis pas en forme. Je suis épuisé et je n'ai pas le moral.
Dans une semaine, j'ai une compétition importante de tennis.

Pourrais-tu me donner quelques conseils pour retrouver ma forme morale et physique ?

Merci !
Bises,
Marc

Vous répondez au courriel de Marc. Vous lui donnez des conseils. (60 à 80 mots)

○ ○ ○

Objet : Rép: Besoin de tes conseils !!

....
....
....
....
....
....
....
....
....
....
....

CÔTÉ CUISINE

Grammaire

[LE PRONOM *EN*] p. 86

1 Remplacez les mots soulignés par le pronom *en*.

Exemple : *Vous achetez trop <u>de plats sucrés</u>.* → *Vous en achetez trop.*

a. Nous allons acheter <u>des légumes</u> au marché. → *Nous en allons acheter au marche.*

b. Elle demande <u>des chocolats</u>. → *Elle en demande*

c. Tu bois <u>du jus de fruits</u>. → *tu en bois*

d. Elles consomment souvent <u>du riz</u>. → *Elles en consomment souvent*

e. Il mange beaucoup <u>de viande</u>. → *Il en mange beaucoup*

f. Je prends trois <u>baguettes</u>. → *Je en prends trois*

[LE PRONOM *EN*] p. 86

2 Remettez les mots dans l'ordre pour former des phrases.

Exemple : *consomme / en / Nathalie / souvent.* → *Nathalie en consomme souvent.*

a. régulièrement. / boivent / Léa et Paule / en → *Léa et Paula en boivent regulierement*

b. avons / en / différentes. / Nous / trois → *Nous en avons trois differentes.*

c. prends / en / pas ? / tu / Pourquoi / n' → *Pourquoi tu n'en prends pas?*

d. café. / Vous / dans / mettez / votre / en → *Vous en mettez dans votre café.*

e. J' / veux / boîtes. / en / deux → *J'en ieux deux boîtes*

f. vont / qu' / manger ? / elles / en / Est-ce → *Est-ce qu'elles vont manger?*

[LE PRONOM *EN*] p. 86

3 Écoutez les questions et retrouvez les réponses. cd 35

a. – Non, il faut en acheter un filet. → question ....

b. – Oui, tu peux en prendre un morceau. → question ....

c. – Oui, il en faut un paquet. → question ....

d. – Oui, il en faut une douzaine. → question ....

e. – Oui, tu peux en acheter une tablette. → question ....

f. – Non, il n'en reste plus. → question ....

[NE... QUE] p. 86

4 Remettez dans l'ordre les phrases suivantes.

Exemple : *n' / bio. / achète / des / que / produits / Je* → *Je n'achète que des produits bio.*

a. Il / que / les / aime / pizzas. / n' /

→ Il n'aime que les pizzas

b. mange / ne / Je / que / légumes / des.

→ Je ne mange que des légumes

c. n' / des / avons / que / plats / Nous / originaux.

→ Nous n'avons que des plats originaux

d. le / que / restaurant, / principal. / je / Au / ne / prends / plat

→ Je ne prends le plat principal que au restaurant

e. régionales. / a / Dans / notre / il / restaurant, / que / des / y / spécialités / n'

→ Dans notre restaurant, Il n'y a que des specialites
régionales.

[NE... QUE] p. 86

5 Transformez les phrases suivantes comme dans l'exemple.

Exemple : *Elle arrivera juste à l'heure du repas.* → *Elle n'arrivera qu'à l'heure du repas.*

a. Elle achète uniquement des fruits « moches ».

→ Elle n'achète des fruits que <moches>.

b. Nous prendrons juste un café.

→ Nous ne prendrons que un café.

c. Je prends du beurre seulement au petit déjeuner.

→ Je ne prends du beurre que au petit déjuner

d. Pour cette recette, j'ai choisi uniquement des produits frais.

→ " " " , Je n'ai choisi que des produits frais

e. Dans ce marché, il y a seulement des produits bio.

→ " " " , Il n'y a que des produits bio.

[NE... QUE] p. 86

6 Regardez l'affiche et dites quelles sont les particularités de ce restaurant. Utilisez *ne... que*.

Exemple : *carte de crédit / payer* → *On ne paye que par carte de crédit.*

a. la formule unique du soir à 15 € / prendre → ....

b. des spécialités d'Auvergne / manger → ....

c. un concert le samedi soir / écouter → ....

d. des produits frais / cuisiner → ....

Chez Laurent

→ *Une formule unique le soir à 15 €*

→ *Seulement des spécialités d'Auvergne*

→ *Des concerts tous les samedis soirs*

→ *Uniquement des produits frais*

 Vocabulaire

[LES ALIMENTS] p. 87

1 Écoutez le dialogue et répondez aux questions. cd 36

a. Que vont manger Annie et Pierre ce soir ?
○ une pizza   ○ des pâtes   ○ une soupe de légumes

b. Que doit acheter Annie pour faire le plat du soir ?
○ des pommes de terre   ○ des poireaux   ○ des aubergines   ○ des carottes

c. Que doit-elle acheter en plus pour ce plat ?
○ de l'ail   ○ des oignons   ○ des champignons

d. Quels légumes faut-il mettre dans la blanquette de veau ?
○ des carottes   ○ des champignons   ○ des poivrons   ○ des tomates

e. Quel dessert Annie et Pierre vont préparer ?
○ une tarte aux abricots   ○ une salade de fruits   ○ une tarte aux fraises

[LES ALIMENTS] p. 87

2 Associez une quantité à un aliment.

a. une bouteille d' •   • **1.** fraises

b. un sachet de •   • **2.** sucre

c. une douzaine d' •   • **3.** gâteaux

d. un morceau de •   • **4.** œufs

e. une barquette de •   • **5.** thé

f. un paquet de •   • **6.** huile

[LES FRUITS ET LES LÉGUMES] p. 87

3 Pour une alimentation saine, on doit consommer cinq fruits et légumes par jour. Faites la liste de courses pour le week-end. Choisissez les fruits et les légumes que vous aimez.

Samedi → ....

....

Dimanche → ....

....

 Grammaire

[LE SUPERLATIF] p. 89

1 Complétez les phrases avec *moins / plus / mieux / meilleur(e)(s)*.

Exemple : *Fais cette recette de cuisine, c'est la … difficile.* → *Fais cette recette de cuisine, c'est la moins difficile.*

a. Va chercher des fraises dans le jardin mais prends les .... rouges.

b. Goûtez ces chocolats, ce sont les ....

c. Ce dessert est le .... sucré.

d. Quel restaurant magnifique ! Il a la .... belle vue de toute la ville.

e. Qui cuisine le .... ? Ta mère ou ton père ?

f. Si tu n'as pas faim, prends ce plat, c'est le .... léger.

g. Choisis cette recette, c'est la ....

[LE SUPERLATIF] p. 89

2 Complétez les phrases avec *la/le(s) meilleur(e)(s)* ou *le mieux*.

a. Je te conseille ce plat, c'est .... du restaurant.

b. C'est Paul qui prépare .... la raclette.

c. C'est moi qui suis .... cuisinière de la famille.

d. .... est de faire attention à ce que l'on mange.

e. Goûte ces délicieux desserts, ce sont .... du monde.

Vocabulaire

[AU MENU] p. 91

1 a. Observez les photos et écrivez le nom des plats.

....

....

b. Sur le menu, classez les plats dans la bonne catégorie.

❧ Menu ☙

Nos entrées ....

Nos garnitures ....

Nos plats du jour ....

Nos desserts ....

Grammaire

[L'ADVERBE EN -*MENT*] p. 93

1 Écoutez et transformez les adjectifs en adverbes en -*ment*.
cd 37
Exemple : *lent → lentement*

a. .... **d.** ....

b. .... **e.** ....

c. .... **f.** ....

[L'ADVERBE EN -*MENT*] p. 93

2 Remplacez les éléments soulignés par des adverbes en -*ment*.
Exemple : *Tu lis <u>de manière lente</u>. → Tu lis lentement.*

a. Je vous conseille une recette faite <u>de manière spéciale</u> pour l'occasion.

→ ....

b. Je dois suivre <u>de manière attentive</u> les instructions.

→ ....

c. Décorons <u>de manière simple</u> !

→ ....

d. Vous devez travailler <u>de façon sérieuse</u>.

→ ....

e. Le chef prépare <u>avec facilité</u> le plat du jour.

→ ....

Communication

[POUR SE RENSEIGNER SUR LE MENU] p. 88

Écoutez et remettez le dialogue dans l'ordre.
cd 38

.... – Très bien et la cuisson ? Saignante, à point ?

....*1*.... – Bonjour, vous désirez ?

.... – Une mousse au chocolat.

.... – Alors, je vais prendre le tournedos Rossini.

.... – Oui. Bien sûr. Et comme dessert ?

.... – Bonjour, je vais prendre la formule plat et dessert. Qu'est-ce qu'il y a en plat du jour ?

.... – Bleue, s'il vous plaît. C'est possible d'avoir des légumes en accompagnement ?

.... – Excellent choix ! Je vous apporte tout ça.

.... – Des moules-frites ou un tournedos Rossini.

 Phonétique **Les prononciations de *six* et de *dix***

Repérage p. 94

1 Écoutez et répétez les phrases à voix haute. cd 39

Entraînement

2 Écoutez et transformez les phrases à l'oral. cd 40

Exemple : *Je choisis six salades.* → *J'en choisis six.*

 Phonie-graphie

Lisez les phrases suivantes puis écoutez l'enregistrement pour vérifier votre prononciation. cd 41

a. Cela coûte six euros.

b. Cela coûte six dollars.

c. Il a dix appartements.

d. Il a dix maisons.

e. J'en veux six.

f. J'en veux six kilos.

g. J'en prends dix.

h. Je prends dix litres d'eau.

i. Ils sont dix.

j. Ils ont dix amis.

k. Ils sont dix personnes.

Compréhension écrite

Lisez cet article et répondez aux questions.

Équilibrer et varier son alimentation

Choisir ses aliments

Bien manger, c'est adopter une alimentation variée et équilibrée, c'est-à-dire manger de tout mais en quantités adaptées. Cela consiste à privilégier[1] les aliments bénéfiques à notre santé et à limiter la consommation de produits sucrés, salés et gras.

Composer ses menus

Composer des menus variés est un bon moyen pour instaurer[2] de bonnes habitudes alimentaires. **L'entrée :** Privilégiez les entrées de légumes, crus ou cuits ou même de fruits. Cela vous aidera à atteindre le repère nutritionnel[3] de 5 fruits et légumes par jour.

Le plat principal : Construisez vos plats principaux autour d'une portion de viande, de poisson, de jambon ou d'œufs, accompagnés de légumes et de féculents (pommes de terre, pâtes, riz, blé précuit, semoule, maïs, légumes secs, etc.). Viandes, poissons ou œufs sont un des composants du plat principal et non l'élément dominant. La portion journalière recommandée pour un adulte est d'environ 100 à 150 g.

Le dessert : Privilégiez les fruits (crus, cuits, en compote, au four) et les produits laitiers. Ils contribuent au bon équilibre nutritionnel et apportent une touche gourmande à votre repas. Pour vos menus, pensez également à privilégier les produits de saison. Ils présentent de nombreux avantages : des prix souvent plus attractifs et de meilleures qualités gustatives.

INPES / www.mangerbouger.fr

1 Préférer. 2 Installer. 3 Le repère nutritionnel, c'est la quantité d'énergie et d'aliments qu'un adulte doit consommer.

1 Ce texte a pour but…
○ de donner des recettes de cuisine.
○ d'informer sur les bonnes habitudes alimentaires.
○ de donner des conseils sur des activités sportives.

2 Qu'est-ce qu'une alimentation variée et équilibrée ?
○ C'est manger de tout et en quantités adaptées.
○ C'est manger beaucoup et faire du sport.
○ C'est manger selon nos envies.

3 Que faut-il éviter ?
○ Les fruits et les légumes.
○ La viande et le poisson.
○ Les gâteaux et la charcuterie.

4 Combien est-il recommandé de consommer de fruits et légumes par jour ?

○ aucun   ○ 5   ○ 10

5 Quelle est la portion quotidienne de viande recommandée ?

○ 55 g   ○ 125 g   ○ 155 g

6 Entourez le menu idéal.

Menu A

Entrée : carottes râpées
Plat principal : poisson et légumes de saison
Dessert : salade de fruits

Menu C

Entrée : soupe à l'oignon
Plat principal : tournedos et ses petits légumes
Dessert : crème au chocolat

Menu B

Entrée : assiette de charcuterie
Plat principal : aubergines farcies
Dessert : gâteau de semoule

Production écrite

Vous voyez cette affiche. Cela vous fait penser à votre ami(e) qui ne varie pas son alimentation. Vous décidez de lui écrire pour parler de bonnes habitudes alimentaires et sportives. Aidez-vous de l'affiche. (60-80 mots)

....

....

....

....

....

....

....

....

....

Détente

1 Regardez les fruits et les légumes « moches ». Quels fruits et légumes reconnaissez-vous ?

....

....

....

2 Vous avez trois minutes pour trouver les réponses !

a. Citez trois fruits qui commencent par la lettre « P ».

....

b. Citez trois légumes qui commencent par la lettre « C ».

....

c. Citez trois légumes secs ou céréales qui commencent par la lettre « P ».

....

d. Citez deux fruits de couleur rouge.

....

e. Citez trois fruits d'été.

....

f. Citez deux spécialités françaises.

....

QUI SE RESSEMBLE S'ASSEMBLE

 **Grammaire**

[LES PRONOMS INTERROGATIFS] p. 100

1 Classez les adjectifs et les pronoms interrogatifs dans le tableau.

a. Quel est votre chanteur préféré ?

b. Quelle est votre chanteuse préférée ?

c. A-t-elle des qualités ? Lesquelles ?

d. A-t-elle une passion ? Laquelle ?

e. As-tu des défauts ? Lesquels ?

f. Avez-vous un passe-temps favori ? Lequel ?

g. Quelles sont tes préférences musicales ?

h. Quels sont ses goûts ?

	Adjectifs interrogatifs	Pronoms interrogatifs
masculin singulier	*a*	....
féminin singulier	....	....
masculin pluriel	....	....
féminin pluriel	....	....

[LES PRONOMS INTERROGATIFS] p. 100

2 Entourez la forme correcte.

a. Dans cette liste de prénoms, (quel / lequel) est votre préféré ?

b. (Quel / Lequel) trait de caractère associez-vous au prénom Camille ?

c. Dans ces terminaisons rares de prénoms, (quelle / laquelle) terminaison aimez-vous ?

d. Parmi les qualités attribuées à votre prénom, (quelles / lesquelles) avez-vous ?

e. Dans cette liste de défauts, (quels / lesquels) défauts détestez-vous ?

[LES PRONOMS INTERROGATIFS] p. 100

3 Transformez avec *lequel, laquelle, lesquels* ou *lesquelles*.

Exemple : *Tu préfères quel prénom ? → Tu préfères lequel ?*

a. Quels prénoms masculins préférez-vous ? → ....

b. Quelles qualités aimez-vous ? → ....

c. Quels défauts détestez-vous par-dessus tout ? → ....

d. Tu préfères quelle orthographe : *Nathalie* ou *Natalie* ? → ....

e. Quel prénom convient le mieux ? → ....

[LES PRONOMS INTERROGATIFS] 📖 p. 100

4 Complétez avec le pronom interrogatif qui convient.

a. Parmi ces prénoms, ... avez-vous choisi pour votre enfant ?

b. Avez-vous un défaut ? .... ?

c. Avez-vous une occupation favorite ? .... ?

d. Vous avez un rêve ? .... ?

e. Pratiquez-vous des activités ? .... ?

 Vocabulaire

[LE CARACTÈRE] 📖 p. 101

1 Retrouvez les cinq qualités et les cinq défauts cachés dans cette grille. Attention, les mots peuvent être à la verticale (↑↓) ou à l'horizontale (←→).

F	R	O	I	D	D	V	S	B	P	Z	N	B	U	C
M	Y	N	W	R	O	L	O	Q	C	U	K	K	Ç	M
U	I	J	R	O	I	F	C	R	A	N	U	D	V	S
B	K	N	I	F	B	I	I	T	L	D	L	Y	R	Y
R	F	H	W	U	J	Z	A	F	M	H	S	F	O	M
W	C	K	G	V	X	M	B	V	E	Q	X	H	Z	P
Y	B	A	U	I	V	T	L	L	Ç	M	P	D	J	A
C	A	Ç	W	M	N	L	E	M	H	T	A	Y	F	T
A	V	H	Y	P	V	Q	J	K	M	Q	R	N	H	H
W	A	R	I	N	O	R	P	Y	Y	D	E	A	E	I
T	R	A	V	A	I	L	L	E	U	R	S	M	M	Q
O	D	X	G	A	B	W	F	P	M	T	S	I	S	U
Q	A	U	T	O	R	I	T	A	I	R	E	Q	S	E
Y	X	J	G	P	E	U	R	E	U	X	U	U	P	V
K	X	P	F	B	L	B	V	Y	F	P	X	E	B	X

Qualités :
- calme
- dynamique
- sociable
- sympathique
- travailleur

Défauts :
- autoritaire
- bavard
- froid
- paresseux
- peureux

[LE CARACTÈRE] p. 101

2 Entourez l'intrus.

a. agréable – courageux – chaleureux – agressif

b. fier – émotif – sociable – ennuyeux

c. froid – patient – pessimiste – autoritaire

d. têtu – drôle – intelligent – optimiste

[LE CARACTÈRE] p. 101

3 Trouvez les adjectifs qui correspondent aux noms suivants.

a. courage → *courageux, courageuse*

d. nervosité → ....

b. spontanéité → ....

e. bêtise → ....

c. gaieté → ....

f. intelligence → ....

[LA PERSONNALITÉ] p. 101

4 Écoutez le portrait moral de Nathan et écrivez le portrait contraire de sa sœur Marion.

cd
42

Marion a .... Elle est ....

et elle est toujours .... C'est une fille ....

....

Grammaire

[LES ADJECTIFS INDÉFINIS] p. 103

1 Entourez la forme correcte.

a. Olivia aime (tout le / toute la / tous les / toutes les) monde.

b. Optimiste, elle sourit (tout le / toute la / tous les / toutes les) journée.

c. Dans un portrait-robot, (tout le / toute la / tous les / toutes les) détails sont importants.

d. J'aime (tout le / toute la / tous les / toutes les) prénoms qui se terminent par « -a ».

e. Ils viennent à (tout le / toute la / tous les / toutes les) anniversaires.

[LES ADJECTIFS INDÉFINIS] p. 103

2 Complétez le nouvel emploi du temps de Delphine et Julien avec *tout le*, *tous les*, *toute la*, *toutes les* et *chaque*.

Delphine et Julien ont le plaisir de vous communiquer leur nouvel emploi du temps à partir du 1er février 2016.
La cause : Léo

.... matins, Julien et moi, on se réveille à 7 h. Léo se réveille .... jour vers 7 h 30. Il mange .... trois heures. .... mardi, nous allons à la piscine. Julien est absent .... journée. Il rentre .... jour vers 19 h. .... soirs, Léo reste éveillé jusqu'à 21 h. .... nuits, Julien se réveille à 3 h pour donner un biberon à Léo.

Aàz Vocabulaire

[LE PHYSIQUE] p. 105

1 Complétez les étiquettes avec les lettres qui manquent.

a. Avoir les yeux : c _ _ i _ s | _ i _ s | _ x _ _ e _ s _ f _ | s _ _ ci _ _ x

b. Avoir les cheveux : _ o _ c _ _ s | f _ _ s | _ _ _ d _ s | _ _ ai _

[LE PHYSIQUE] p. 105

2 Comment sont leurs yeux ? Associez une caractéristique à une image.
a. petits   **b.** foncés   **c.** en amande   **d.** ronds

[LES MOUVEMENTS DU CORPS] p. 105

3 **Complétez les définitions et placez les mots dans la grille.**

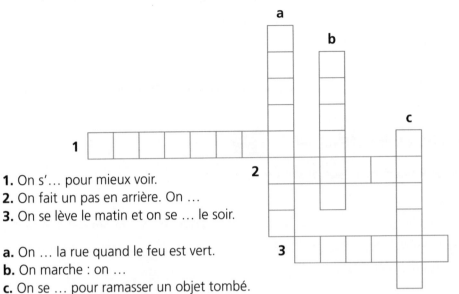

1. On s'… pour mieux voir.
2. On fait un pas en arrière. On …
3. On se lève le matin et on se … le soir.

a. On … la rue quand le feu est vert.
b. On marche : on …
c. On se … pour ramasser un objet tombé.

[LES ÉMOTIONS] p. 105

4 **De quelle émotion s'agit-il ? Écoutez et écrivez le numéro de la phrase qui correspond.** cd 43

a. crainte → phrase n°.............

b. énervement → phrase n°.............

c. ennui → phrase n°.............

d. étonnement → phrase n°.............

e. gêne → phrase n°.............

f. soulagement → phrase n°.............

g. fierté → phrase n°.............

h. déception → phrase n°.............

 Grammaire

[L'EXPRESSION DES SENTIMENTS] p. 107

1 **Infinitif ou subjonctif ? Reliez pour former toutes les phrases possibles.**

Exemple : *Il est triste*   → *de partir.*
                           → *qu'elle parte.*

a. Nous sommes heureux •
                            • de rester.
                            • que vous restiez.

b. J'ai peur   •

   • que je sois en retard.
   • d'être en retard.

c. Nous avons hâte   •

   • que nous sortions notre album.
   • de sortir cet album.

d. Je suis déçu   •

   • de ne pas venir.
   • qu'elle ne vienne pas.

e. Vous êtes ému   •

   • d'assister à ce concert.
   • qu'il assiste à ce concert.

[L'EXPRESSION DES SENTIMENTS] p. 107

2 Conjuguez les verbes au subjonctif présent.

a. Ils sont énervés qu'il (être) .... têtu.

b. Il est déçu qu'ils (vouloir) .... donner ce prénom à leur enfant.

c. Cela me fait plaisir que nous (poursuivre) .... l'émission ensemble.

d. Je suis surprise que tu (partir) .... déjà.

e. Mes fans ont hâte que je (sortir) .... un nouvel album.

 Communication

[FAIRE LE PORTRAIT DE QUELQU'UN (PHYSIQUE/CARACTÈRE)] p. 99 p. 102

Écrivez un message sur le forum « Quelle est la personne idéale pour vous ? ».
Décrivez le caractère et le physique de cette personne. (60-80 mots)

Quelle est la personne idéale pour vous ?

 **Phonétique** **Prononcer *tout, toute, tous* et *toutes***

Repérage p. 108

1 Lisez les phrases à voix haute et soulignez le « t » final de *tout(e)(s)*
quand il se prononce. Puis écoutez pour vérifier vos réponses.

cd
44

a. Tu me racontes toute la fête ?

b. Tout le monde est venu ?

c. Tout était bien ?

d. Vous y êtes allées toutes les deux ?

e. Tu as parlé à tous ses amis ?

f. Je vais tout dire, mais je dois partir, à tout à l'heure !

Entraînement

2 Lisez les phrases suivantes à voix haute et entourez la prononciation
correcte de *tout(e)(s)*. Puis écoutez pour vérifier vos réponses.

cd
45

a. J'aime tous ([tut] / [tus] / [tu]) les défauts de Patrick.

b. Toute ([tut] / [tus] / [tu]) sa famille est adorable.

c. Toutes ([tut] / [tus] / [tu]) les photos de cette exposition sont fantastiques.

d. Tu as tout ([tut] / [tus] / [tu]) à fait raison : il a mauvais caractère !

e. Tout ([tut] / [tus] / [tu]) le monde était là pour son anniversaire.

f. Tous ([tut] / [tus] / [tu]) ces portraits se ressemblent.

 Phonie-graphie

Écoutez et complétez avec *tout, toute, tous* ou *toutes*.

cd
46

Dans sa famille, ... le monde se ressemble. .... les personnes ont

mauvais caractère. Elles sont de mauvaise humeur .... les matins ! Elles sont

ennuyeuses .... la journée. Elles sourient et, ... à coup, elles sont

tristes ! Et ça recommence .... les jours… Quelle vie !

Compréhension orale

INTERVIEW : LA BOÎTE À QUESTIONS

Écoutez cette interview et répondez aux questions.   cd 47

1 À combien de questions répond l'invité de l'émission ?

....

2 Quelles sont ces questions ? Reformulez-les.

....

....

....

....

....

3 Qu'est-ce que l'invité aime faire à la fin des repas ?

....

4 Que pense-t-il du look « costume chemise sans cravate » ?

....

5 Quelle couleur a le « vrai chocolat » selon lui ?

....

6 Combien d'animaux a-t-il ?

....

7 Quelle qualité attribue-t-il à sa chienne Miss ? et à sa chienne Mimosa ?

....

....

....

8 Il préfère vivre…

O à Paris.   O à New York.   O entre les deux.

9 Relevez au moins deux expressions qui expriment les sentiments de l'invité.

....

Production orale

[JEUX DE RÔLE]

À deux. Choisissez la fiche A ou B. Prenez connaissance des informations de votre fiche et interrogez votre partenaire pour obtenir les informations qui vous manquent.

Apprenant A

Échangez vos informations avec votre partenaire B pour compléter le portrait de la personne que vous devez aller chercher à l'aéroport.

Vous allez chercher Alice Lebrun.

Taille : moyenne

Cheveux : ....

Coupe de cheveux : un carré

Forme des yeux : en amande

Couleur des yeux : ....

Signes particuliers : un tatouage sur la main gauche

Accessoires : ....

Autres éléments à signaler : ....

Apprenant B

Échangez vos informations avec votre partenaire A pour compléter le portrait de la personne que vous devez aller chercher à l'aéroport.

Vous allez chercher Alice Lebrun.

Taille : ....

Cheveux : blonds et ondulés

Coupe de cheveux : ....

Forme des yeux : ....

Couleur des yeux : noisette

Signes particuliers : ....

Accessoires : boucles d'oreilles bleues

Autres éléments à signaler : *réponse libre.*

Préparation au DELF A2 **Compréhension des écrits**

[STRATÉGIES] p. 40

INFOS HIGH-TECH

Le français Netatmo peut avoir le sourire au salon high-tech de Las Vegas : sa nouvelle caméra de surveillance avec reconnaissance faciale a été saluée comme innovation majeure de l'année.

Welcome est un dispositif de vidéosurveillance. Sa caméra est capable de reconnaître chaque membre d'une famille grâce à sa technologie de reconnaissance des visages et ce de jour comme de nuit grâce à une caméra haute définition.
Sa technologie de reconnaissance faciale permet d'enregistrer votre visage comme celui des personnes avec qui vous habitez. Si un inconnu entre chez vous, de jour comme de nuit, alors que Welcome est en fonctionnement, la caméra enverra un message d'alerte sur votre smartphone. Pratique pour détecter un voleur... comme un camarade de classe de votre enfant, qui s'invite à l'improviste*.

Metronews, Florence SANTROT, 6 janvier 2015

De façon inattendue.

1 Ce document parle…
O d'une manifestation.
O d'une invention.
O d'un livre.

2 Ce produit est surtout intéressant pour…
O les policiers.
O les enseignants.
O les familles.

3 Cette caméra reconnaît quelle partie du corps ?

....

4 Vrai ou faux ? Cochez la case correspondante et recopiez la phrase ou la partie du texte qui justifie votre réponse.

	Vrai	Faux
Ce dispositif fonctionne 24 heures sur 24.	O	O

Justification :

....

L'ACTU EN DIRECT

Grammaire

[LA CAUSE ET LA CONSÉQUENCE] p. 114

1 Reliez les deux phrases avec l'élément entre parenthèses.
Exemple : *J'ai raté le début du film. Je suis arrivé trop tard. (comme)* → **Comme** *je suis arrivé trop tard, j'ai raté le début du film.*

a. On va souvent au cinéma. On aime regarder des films. (c'est pourquoi) → ....
.... ⅼⅼ ⅼⅼ   ⅼⅼ   ⅼⅼ ⅼⅼ c'est pourquoi ⅼⅼ ⅼⅼⅼ ⅼⅼ ⅼⅼ. C

b. Je ne regarde plus la télé. Il y a trop de pubs. (alors) → ....
.... ⅼⅼ ⅼⅼ   ⅼⅼ   ⅼⅼ ⅼⅼ ⅼⅼ alors ⅼⅼ ⅼⅼ ⅼⅼ ⅼⅼ C

c. J'étais déçu. J'ai quitté la salle. (donc) → ....
.... ⅼⅼ ⅼⅼ ⅼⅼ donc ⅼⅼ   ⅼⅼ   ⅼⅼ ⅼⅼ.

d. Je n'étais pas d'accord. J'ai écrit au courrier des lecteurs. (comme) → ....
Comme   ⅼⅼ ⅼⅼ ⅼⅼ ⅼⅼ ⅼⅼ ...

e. Les articles de la presse gratuite sont courts. Ils plaisent à beaucoup de lecteurs. (par conséquent) → ⅼⅼ ⅼⅼ ⅼⅼ ⅼ ⅼ Par conséquent, ⅼⅼ ⅼⅼ ⅼⅼ ⅼ ⅼ

f. Les musiques de séries sont importantes. Les producteurs recherchent des compositeurs connus. (c'est pour cela que) → ⅼⅼ ⅼⅼ ⅼⅼ ⅼ ⅼ c'est pour cela que ⅼⅼ ⅼⅼ ⅼ

[LA CAUSE ET LA CONSÉQUENCE] p. 114

2 Soulignez l'élément qui convient.

a. (Grâce aux / À cause des) blogs, les internautes peuvent partager leurs savoirs.

b. Certains journaux sont difficiles à lire (grâce à / à cause de) leur format.

c. (Grâce au / À cause du) numérique, le nombre de porteurs de lunettes a augmenté.

d. (Grâce aux / À cause des) tablettes, on peut stocker les articles qui nous intéressent.

e. (Grâce aux / ~~À cause des~~) flux RSS, je suis perdu dans cette masse d'informations.

f. (~~Grâce au~~ / À cause du) numérique, la vie est plus simple.

g. (~~Grâce à~~ / À cause de) la radio, j'ai amélioré mon français. ✓

[LA CAUSE ET LA CONSÉQUENCE] p. 114

3 Complétez les phrases avec *parce que*, *c'est pourquoi*, *comme* ou *donc*. (Plusieurs réponses possibles.)

a. On peut lire facilement ce journal dans le métro _Parce que_ son format est pratique.

b. J'ai oublié mon portable _donc / c'est pourquoi_ je n'ai pas pu vous appeler.

c. _Comme_ il y a trop de publicité dans le journal, je ne l'achète plus.

d. J'ai acheté un smartphone _c'est pourquoi / donc_ je peux lire la presse en ligne.

e. La datavisualisation a beaucoup de succès _Parce que_ elle permet de mieux comprendre les informations complexes.

f. _Comme_ elles sont de bonne qualité, les séries attirent le public.

g. Elle voulait partager son goût pour la cuisine _donc / c'est pourquoi_ elle a créé ce blog. ✓

[LA CAUSE ET LA CONSÉQUENCE] p. 114

4 Écoutez ces personnes qui ne regardent pas la télévision. Puis, dans le tableau, reconstituez les phrases qui expliquent leur choix. cd 48

a. Pascal ne regarde pas la télévision

b. Comme il y a des choses plus importantes,

c. Pour Pauline, il y a trop d'informations négatives,

d. Sonia adore les langues,

e. Bertrand n'a pas de télé

f. Marie ne regarde plus la télévision

1. donc elle ne regarde pas la télé pour profiter de sa passion.

2. à cause de son emploi du temps.

3. parce qu'il a internet.

4. Alexandra vit sans télé.

5. grâce à la VOD.

6. c'est pour ça qu'elle préfère écouter la radio.

a	b	c	d	e	f
3					

Vocabulaire

[L'INFO, LA PRESSE] p. 115

1 Reliez les mots à leur définition.

1. Faits divers • • **a.** Petit texte qui se trouve en haut d'un article.

2. People • • **b.** C'est l'origine d'une information, c'est la…

3. Quotidien • • **c.** Rubrique qui parle d'événements peu importants, mais qui produisent une forte impression.

4. Chapeau • • **d.** On parle de presse à scandale ou de presse…

5. Scoop • • **e.** Journal qui paraît tous les jours.

6. Source • • **f.** Première page d'un journal.

7. La Une • • **g.** Nouvelle sensationnelle donnée en exclusivité.

[L'INFO, LA PRESSE] p. 115

2 Entourez l'intrus.

a. être au courant – suivre les nouvelles – publier un article – se tenir informé

b. économie – reporter – mode – société – courrier des lecteurs

c. hebdomadaire – mensuel – quotidien – actuel

d. journaliste – lecteur – photographe – reporter

Grammaire

[LES PRONOMS COD ET COI] p. 117

1 Remettez les mots dans l'ordre pour former des phrases. Faites les transformations nécessaires.

a. la / elle / regarde / les soirs / tous

→ *tous les soirs, elle la regarde.*

b. le / vous / chaque / achetez / matin

→ *chaque matin, vous le achetez*

c. lui / répondu / ne / je / ai / pas

→ *Je ne lui ai pas ~~lui~~ répondu*

d. ont / elles / envoyé / ce matin / le

→ *Ce matin, elles l'ont ~~le~~ envoyé, ce matin*

e. nous / attendre / vous / pouvez

→ *Vous pouvez nous attendre /*

f. appeler / pas / préfère / ne / la / je

→ *Je ne préfère pas la appeler*

[LES PRONOMS COD ET COI] p. 117

2 Complétez avec un pronom COD ou COI.

Vous travaillez pour un magazine people. Pour interviewer une personnalité :
vous **lui** donnez rendez-vous. Vous .... accueillez. Vous .... saluez. Vous
.... serrez la main. Vous .... souriez. Vous .... posez des questions. Vous
.... remerciez.

[LES PRONOMS COD ET COI] p. 117

3 Répondez aux questions. Remplacez les mots soulignés par un pronom.
Exemple : – *Vous lisez les journaux ?* → – *Oui, je les lis. / Non, je ne les lis pas.*

a. – Vous gardez ce format ? → – Oui, nous *le gardons*

b. – Vous êtes en train d'écouter la radio ? → – Oui, je *l'écoute* ✓
(nb : Je suis en train de l'écouter)

c. – Vous regardez les séries ? → – Non, je *ne les regarde pas*

d. – Il a donné son avis à la journaliste ? → – Oui, il *lui a donné*

e. – Cela convient aux lecteurs ? → – Non, cela *ne leur convient pas*

f. – Vous m'avez recommandé ce film ? → – Non, je *ne la recommande pas*
✗ ne l'ai pas recommandé.

g. – Vous allez répondre aux téléspectateurs ? → – Oui, nous *allons leur répondre*

à Z Vocabulaire

[LES MÉDIAS, LA RADIO, LA TÉLÉ] p. 119

1 **Classez les mots suivants dans le tableau :** *dessin animé / écran / chaîne / reportage / station / auditeur / série / émission / journaliste.*

station auditeur	dessin animé écran série chaîne	reportage journaliste ~~chaîne~~ émission?

[LES MÉDIAS, LA RADIO, LA TÉLÉ] p. 119

2 **De quoi parlent-ils ?**

a. On l'utilise pour choisir une chaîne. → *la télécommande*

b. On le regarde à 20 heures sur France 2. → *Jt (le journal télévisé)*

c. On l'écoute à la radio pour savoir quel temps il fera. → *la météo*

d. Dans une année, il y en a quatre. Certaines séries en ont aussi plusieurs. → *la saison*

e. Au cinéma, on l'appelle *spectateur*. Devant la télévision, il est… → *le téléspectateur / la téléspectatrice*

[LES MÉDIAS, LA RADIO, LA TÉLÉ] p. 119

3 **Complétez les phrases avec les mots suivants. Faites les modifications si nécessaire :** *zapper / lecteur DVD / éteindre / chaîne / jeu télévisé / allumer.*

a. Grâce à la TV numérique, je peux recevoir les .... du monde entier.

b. De retour à la maison, je .... la télé pour regarder le 20 h.

Ensuite, je regarde un téléfilm et je .... la télé vers 23 h.

c. Pour regarder des films quand je veux, je me suis acheté un ....

d. Quand il y a une émission qui ne me plaît pas, je ....

e. Mon .... préféré ? C'est *Questions pour un Champion*.

au → y !
de → en
le → le

Grammaire

[L'IMPÉRATIF ET LES PRONOMS] p. 121

1 Reformulez ces phrases. Remplacez les mots soulignés par un pronom.
Exemple : *Regardez <u>ce film</u>.* → *Regardez-**le**.*

a. Pense <u>aux séries</u> pour améliorer ton français. → *Penses-en y pou...*

b. Achète <u>le journal</u>. → *Achète - le*

c. Ne ratez pas <u>le dernier épisode</u>. → *Ne le ratez pas*

d. Ne discutons plus <u>de ce film</u> ! → *Ne en discutons (plus)* *(indirect)*

e. N'apporte pas <u>de DVD</u>. → *Ne en apporte pas* *(en)*

f. Parle <u>de tes séries préférées</u>. → *Parles-en ?*

g. Allez <u>au festival Séries Mania</u>. → *Allez - y*

[L'IMPÉRATIF ET LES PRONOMS] p. 121

2 Écoutez et transformez à l'oral les phrases à l'impératif à la 2e personne du pluriel, comme dans l'exemple. cd 49
Exemple : « *Il ne faut pas lire cet article.* » → *Ne le lisez pas !*

Communication

[FAIRE UNE CRITIQUE] p. 120

Vous avez vu un film/une série qui vous a plu ou déplu. Écrivez une courte critique de ce film/de cette série sur votre blog. (60-80 mots)

Phonétique

L'impératif : prononcer le *s* ajouté avec *en* et *y*

Repérage p. 122

1 Lisez les phrases à voix haute et soulignez les liaisons. Puis écoutez pour vérifier votre prononciation. cd 50

Exemple : *Il y a des journaux, prends-en un.*

a. Réfléchis à ma proposition ; songes-y !

b. J'aime ta revue : publies-y mes photos s'il te plaît.

c. Je n'aime pas cette chaîne. Changes-en.

d. C'est un site de vidéos, regardes-y des films français.

e. Voilà ma clé USB, enregistres-y toute la musique.

f. Tu préfères les documentaires ? Discutes-en avec tes amis.

g. J'ai envie de regarder une série, trouves-en une drôle.

Entraînement

2 Écoutez ces phrases à l'impératif et, à l'oral, transformez-les avec *en* ou *y*, comme dans l'exemple. cd 51

Exemple : *« Va au parc ! »* → *Vas- y !*

Phonie-graphie

Écoutez et ajoutez « s » quand c'est nécessaire. cd 52

a. Il te reste du gâteau ? Donne...........-en à Tom s'il te plaît.

b. La directrice t'attend dans son bureau, va............ la voir.

c. Une nouvelle rubrique pourrait être une bonne idée, pense...........-y !

d. Les films sont plus chers ici. N'en achète........... pas.

e. Tu sais parler croate ? Parle...........-le s'il te plaît !

f. Garde...........-moi une place au cinéma ce soir.

Compréhension écrite

Lisez le document et répondez aux questions.

Sérimania — TOUTES LES SÉRIES | LA SAISON EN COURS | LES CRITIQUES | LES PODCASTS

Le forum de Sérimania
est un super endroit
pour parler séries.
Vous avez des choses à dire ?
N'hésitez pas !

Fred le 20 mai 2016 à 15h15

Merci pour ce forum dédié aux séries télévisées.
Fan de ce genre, je veux partager avec vous ma recette d'une série réussie.
Tout d'abord, une série doit s'appuyer sur une histoire connue, une actrice (un acteur) connu(e) et être diffusée sur tous les continents. Et puis un autre élément important pour moi, c'est le nombre d'épisodes : pas plus de 10. Il paraît que c'est aussi une nouvelle tendance pour les chaînes de télé. J'ai lu ça dans un article sur les derniers événements audiovisuels ; il s'agit du Marché international des programmes de télévision et du Festival Séries Mania qui ont lieu chaque année en France. Enfin, pour le nombre de saisons, je préfère les séries qui donnent naissance à des spin-off. Ces adaptations des séries à succès se construisent autour d'un personnage ou de personnages présent(s) dans la série originale, mais avec un développement d'intrigues totalement nouvelles.
Êtes-vous d'accord avec moi ?

Compréhension

1 Ce document est…
O un article de presse.
O une discussion sur internet.
O une interview.

2 De quel média parle Fred ?
O De la radio.   O De la presse.   O De la télévision.

3 Selon Fred, quels sont les quatre éléments pour une série réussie ?

a. ....

b. ....

c. ....

d. ....

4 Quel est le nombre idéal d'épisodes pour une série selon Fred ?

....

5 Combien d'événements audiovisuels cite Fred ?

....

6 Comment s'appellent ces événements ?

....

7 Quelle est leur fréquence ?

....

Vocabulaire

8 Que signifie « intrigue » ?
○ Histoire d'une série.   ○ Nouvelle version d'une série.

Production écrite

[STRUCTURER SON PROPOS]   p. 113

Vous écrivez un message sur le forum « Séries télé : secrets d'un succès » pour donner votre recette d'une série réussie. (60-80 mots)

Séries télé : secrets d'un succès

Détente

1 Cherchez les réponses à ces questions dans l'unité 8 du livre de l'élève et écrivez vos réponses sous l'image correspondante.

a. Que signifie *RFI* ?

b. En quelle année est sorti le premier numéro de la *Gazette de France* ?

c. Que signifie *VOD* ?

d. Quelles sont les dimensions (en centimètres) du nouveau format de *L'Équipe* ?

e. « Zappeur » est le synonyme de « télécommande » : vrai ou faux ?

f. Comment s'appelle la série télévisée sur les services secrets français ?

2 Télé, presse ou ciné : de quoi parlent ces expressions ? Classez-les dans le tableau. Aidez-vous d'un dictionnaire.

Les salles obscures

La petite lucarne

Un canard

Le huitième art

Les chiens écrasés

Le septième art

Le petit écran

Le grand écran

Télévision	Presse	Cinéma

CONSOMMER AUTREMENT

 **Grammaire**

[LE CONDITIONNEL PRÉSENT (1)] p. 128

1 Écoutez et cochez le temps utilisé dans chaque phrase. cd 53

	a	b	c	d	e	f	g
futur simple							
conditionnel présent	X						

[LE CONDITIONNEL PRÉSENT (1)] p. 128

2 Associez.

a. Je •   • **1.** souhaiterions partir un an à l'étranger.

b. Tu • 6   • **2.** devraient nous accompagner.

c. Ça • 5   • **3.** pourriez me prêter votre perceuse ?

d. Nous • 1   • **4.** voudrais louer une partie de ma maison.

e. Vous • 3   • **5.** vous dirait de faire un échange ?

f. Elles • 2   • **6.** aimerais bien y aller ?

[LE CONDITIONNEL PRÉSENT (1)] p. 128

3 Complétez avec les terminaisons du conditionnel présent.

a. Vous devr*iez* partager votre voiture, c'est économique.

b. Tu pourr*ais* essayer cette plateforme collaborative pour envoyer ton colis.

c. Nous souhaiter*ions* contacter un guide pour une promenade personnalisée.

d. Ils voudr*aient* appeler SamBoat pour louer un bateau.

e. J'échanger*ais* bien mon appartement pour les vacances.

f. Elle aimer*ait* acheter des meubles d'occasion.

[LE CONDITIONNEL PRÉSENT (1)] p. 128

4 Transformez les phrases au conditionnel présent pour demander poliment.
Exemple : *Tu peux me prêter 20 euros ? → Tu pourrais me prêter 20 euros ?*

a. Vous ne voulez pas essayer BlaBlaCar ? → ....

b. Je veux savoir si on peut échanger nos appartements. → ....

....

c. Connaissez-vous un site pour échanger les vêtements ? → ....

....

d. Je souhaite louer un bateau. → ....

e. Je préfère qu'on se retrouve à la gare. → ....

[LE CONDITIONNEL PRÉSENT (1)] p. 128

5 Conjuguez les verbes au conditionnel présent. Puis dites s'il s'agit d'une proposition, d'un conseil, d'un souhait ou d'une demande polie.
Exemple : *Tu (vouloir)* .... *y aller ? → Tu **voudrais** y aller ? (**demande polie**)*

a. (Pouvoir) Pourraiz -vous me dire comment mieux consommer ?
(demande polie)

b. J' (aimer) aimarais organiser un troc. (Sohait)

c. À votre place, je (faire) fArais des achats groupés. (conseil)

d. Vous (devoir) devriez échanger vos maisons. (consel)

e. Nous (pouvoir) Pourrions donner les objets que nous n'utilisons plus.
(proposition)   Pourrions

AàZ Vocabulaire

[LA CONSOMMATION] p. 129

1 Entourez l'intrus.

a. acheter – dépenser – payer – vendre – troquer

b. échanger – prêter – emprunter – revendre – donner

c. troc – don – achat – partage – échange

d. entreprise – habillement – logement – restauration – transports

[LA CONSOMMATION] p. 129

2 Retrouvez le verbe qui correspond à chaque personne.

a. le consommateur → ....

b. le vendeur → ....

c. l'acheteur → ....

d. l'utilisateur → ....

e. le loueur → ....

f. le troqueur → ....

[LA CONSOMMATION] p. 129

3 Reliez chaque mot à son contraire.

a. acheter • 4

b. dépenser • 1

c. emprunter • 2

d. cher • 5

e. client • 3

• **1.** économiser

• **2.** prêter

• **3.** vendeur

• **4.** vendre

• **5.** gratuit

[LA CONSOMMATION] p. 129

4 Lisez les définitions et complétez la grille de mots croisés.

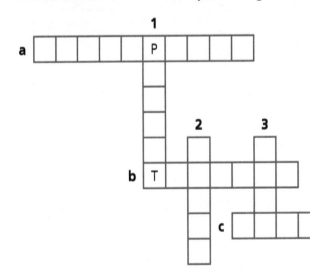

a. Dans le monde du travail, on l'appelle « société ».
b. Donner et recevoir en échange.
c. Synonyme de « donné ».

1. Le contraire de « gratuit ».
2. Un produit en promotion est un produit …
3. Le contraire d'« occasion ».

Grammaire

[LE GÉRONDIF] p. 131

1 Dites le contraire en utilisant le gérondif comme dans l'exemple.

Exemple : *sans hésiter → en hésitant*

a. sans savoir conduire → *en sachant conduire*

b. sans connaître la personne → *en connaisant la Personne*

c. sans avoir besoin d'économiser → *en ayant besoin d'économiser*

d. sans être membre → *en étant membre*

e. sans choisir → *en choisissant*

f. sans lire les annonces → *en lisant les annonces*

[LE GÉRONDIF] p. 131

2 Répondez avec le gérondif en utilisant les éléments de réponse proposés.

COMMENT DEVENIR UN CONSOMMATEUR COLLABORATIF ?

Devenez consommateur collaboratif :

a. (échanger un bien ou des compétences)
→ **en échangeant** *un bien ou des compétences.*

b. (vendre sur LeBonCoin.fr) → *en vendant sur*

c. (pratiquer le covoiturage) → *en pratiquant le covoiturage*

d. (partager son appartement) → *en partageant son appartement*

e. (se lancer dans l'habitat partagé) → *en lançant dans l'habitat*

f. (louer vos affaires à vos voisins) → *en louant vos affairs à vos*

g. (consommer des produits locaux) → *en consommant des produits*

[LE GÉRONDIF] p. 131

3 Pouvez-vous faire deux choses en même temps ?
Écoutez et répondez oui ou non.

cd 54

Exemple : *– Pouvez-vous envoyer un SMS et marcher ?*
– Oui, je peux envoyer des SMS en marchant. / – Non, je ne peux pas envoyer de SMS en marchant.

Vocabulaire

[LES MATIÈRES] p. 133

1 Retrouvez les matières de ces objets.

a. un pull en *laine*

b. un objet en c e r

c. un pont en a c i e r

d. une bague en o r

e. une bouteille en P l a s ti q ue

f. une chaise en m e ta l

g. un bateau en p ap i er

[LA RÉPARATION] p. 133

2 Associez un mot à une image.

a. un marteau

b. un tournevis

c. une boîte à outils

d. une perceuse

1.

2.

3.

4.

[LES OBJETS ET LE BRICOLAGE] p. 133

3 Complétez le texte avec les mots suivants : *cassés / électroménagers / jeter / outils / panne / poubelle / réparateurs / réparer / déchirés.*

Les Repair Cafés permettent de .... les objets et d'éviter

de les .... Ils donnent une deuxième vie aux choses

en .... : jeans .... , vases

.... , appareils .... prêts à partir à la

.... !

Ces cafés mettent en contact des .... bénévoles experts

d'un domaine et des gens qui souhaitent réparer leurs objets, mais qui ne savent pas

comment. Pour les .... ? Pas de problème, ils sont disponibles

sur place !

 **Grammaire**

[LE CONDITIONNEL PRÉSENT (2)] p. 135

1 Complétez en conjuguant les verbes au conditionnel présent.

Imaginez une vie sans argent...   *pourrions* ✗ *irregulier*

Nous (pouvoir) _pourrions_ × vivre sans argent. Nous (découvrir) _____

découvririons que l'argent n'est pas nécessaire. Nous (être)

serions plus heureux. Nous (produire) _produirions_ seulement

des choses intéressantes et nécessaires. Nous ne (dire) _dirions_ pas

non à la technologie, mais nous (réapprendre) _réapprendrions_ à fabriquer des

machines solides et durables. Les citoyens (créer) _créeraient_ des liens

amicaux sincères et (partager) _partageraient_ leurs ressources dans la joie.

[LE CONDITIONNEL PRÉSENT (2)] p. 135

2 Imaginez des cadeaux à zéro euro pour vos proches. Utilisez les expressions ci-dessous pour écrire des phrases : *offrir de son temps / partager ses compétences en informatique / chercher des objets dans des brocantes / organiser un voyage en auto-stop / faire le ménage pour son voisin / cuisiner un plat maison / écrire un poème d'amour.*

Exemple : *J'offrirais de mon temps pour aider mes proches.*

→ Je _partagerais mon competences en informatique pour ouvrir des Reseaux sociaux_

→ _Je chercherais des objets dans des brocantes pour achat le moins cher._

→ _Je organiserais un voyage en auto stop pour voyage tôt monde economicalement_

→ _Je ferais le menage pour son voisin pour la location de son departement_   *frais*

→ _Je cuisinerais un plat maison pour économiser_

→ _Je écrirais un poème d'amour pour le vendre_

Communication

[RÉPONDRE À UNE ANNONCE]

Cette annonce vous intéresse. Vous envoyez un message pour demander des informations. (60-80 mots)

> Salut !
> Vous vivez dans le sud de la France ? Vous voulez découvrir Berlin ? Je serais très contente d'échanger mon appartement avec vous pendant les mois de mai ou de juin, pour quelques jours ou semaines ! Je propose un studio dans un quartier vivant et sympathique de Berlin. Si l'annonce vous intéresse, contactez-moi !
> Karina, karina_p@yahoo.de

Bonjour,

Je suis très intéressé(e) par votre annonce ....

....

....

....

....

....

....

Phonétique   L'accent d'insistance

Repérage

1 Écoutez et cochez quand vous entendez un accent d'insistance.   cd 55

	a	b	c	d	e	f	g
Accent d'insistance	X						

Entraînement

2 Lisez les phrases à voix haute en mettant un accent d'insistance. Soulignez la syllabe accentuée, puis écoutez pour vérifier votre prononciation. cd 56

a. C'est incroyable !

b. Il est impossible !

c. Elle est mal élevée !

d. C'est une excellente idée !

e. Il est exceptionnel !

f. Elle est adorable !

3 Écoutez et réagissez en utilisant les phrases suivantes. N'oubliez pas de placer l'accent d'insistance. cd 57

Exemple : *Il vend son vélo 50 euros.* → *C'est donné !*

Il est abîmé !   C'est impossible   Elle est très belle !

Non, c'est simple !

C'est dommage !   C'est donné !

 ## Compréhension orale

START-UP FRANÇAISE

Compréhension

Écoutez le document et répondez aux questions. cd 58

1 Dans quel secteur d'activité travaille la start-up présentée dans cette émission ?

....

2 Quel est le nombre d'utilisateurs de ce service ?
○ 1 million   ○ 5 millions   ○ 20 millions

3 Ce service existe dans :
○ 19 pays.   ○ 29 pays.   ○ 39 pays.

4 Ce reportage a lieu :
O avant les grandes vacances.
O pendant les grandes vacances.
O après les grandes vacances.

5 Les utilisateurs de ce service partagent :
O des trajets quotidiens et courts.
O des trajets assez longs pour partir en vacances ou en week-end.

6 Qui étaient les premiers utilisateurs de ce service ?

....

7 Aujourd'hui, quelle est la moyenne d'âge des utilisateurs de ce service ?

....

Vocabulaire

8 Reliez les mots à leur définition.

a. « quadra » •   • **1.** Personne qui a entre cinquante et cinquante-neuf ans.

b. « quinqua » •   • **2.** Personne qui a entre quarante et quarante-neuf ans.

Production orale

[JEUX DE RÔLE]

À deux. Choisissez la fiche A ou B. Prenez connaissance des informations de votre fiche et discutez avec votre partenaire.

Apprenant A

Vous partez en voyage dans le pays d'un(e) ami(e). Vous avez un petit budget. Vous posez des questions à votre ami(e) sur les moyens de transport, le logement, la restauration, et vous lui demandez des conseils sur la meilleure façon de visiter son pays à petits prix ou gratuitement.

Apprenant B

Votre ami(e) va faire un voyage touristique dans votre pays. Il/Elle a un petit budget. Vous répondez à ses questions, vous lui donnez des conseils, des recommandations pour voyager, se loger, manger et visiter votre pays à petits prix ou gratuitement.

Préparation au DELF A2 **Compréhension de l'oral**

[STRATÉGIES] p. 124

**Écoutez le document
et répondez aux questions.** cd 59

1 Que propose l'entreprise Jokkolabs ?
○ De faire des achats groupés.
○ De partager un lieu de travail.
○ D'échanger des vêtements.

2 Quand a ouvert Jokkolabs à Nanterre ?

....

3 Quels sont les services communs proposés chez Jokkolabs ? Cochez.
○ cafétéria
○ cafetière
○ grille-pain
○ imprimante
○ casques audio
○ DVD
○ salles de réunion
○ scanner

4 Quel est le prix de ce service ?

a. Pour dix jours : .... €

b. Pour le mois entier : .... €

**5 Dans quel secteur d'activité travaillent la majorité des utilisateurs
de ce service ?**
○ restauration
○ informatique
○ habillement

6 Pourquoi vient-on à Jokkolabs ? Complétez.

On vient ici pour :

a. .... son réseau.

b. .... de nouveaux collaborateurs.

c. .... sur ses pratiques.

d. .... ses projets.

7 Que signifie « jokko » dans la langue maternelle du créateur du projet ?

....

ON PART EN VOYAGE ?

 **Grammaire**

[LE PASSÉ COMPOSÉ ET L'IMPARFAIT DANS LE RÉCIT] p. 142

1 Passé composé ou imparfait ? Entourez le temps qui convient.

Nous (avons visité / visitions) Bruges avec nos amis Gaspar et Julie. (Cela a été / C'était)

le 1ᵉʳ janvier dernier, il (a fait / faisait) froid. Nous (sommes arrivés / arrivions) en voiture

et nous (avons marché / marchions) pendant quelques minutes pour arriver sur la

Grand Place. Sur la place, il y (a eu / avait) beaucoup de touristes et nous

(avons décidé / décidions) de nous promener dans des rues plus tranquilles.

[LE PASSÉ COMPOSÉ ET L'IMPARFAIT DANS LE RÉCIT] p. 142

2 Remettez les phrases dans l'ordre pour reconstituer le récit.
a. En juillet, il a décidé de traverser l'Europe en train tout seul.
b. Enfin, il a visité la Pologne où il a rencontré Katarina.
c. Il est d'abord allé en Italie, puis en Autriche et en Allemagne.
d. Luc a eu son baccalauréat en juin.
e. Son projet était étonnant, mais il en rêvait depuis longtemps.
f. Ses parents étaient très contents de ses résultats.
g. C'était vraiment un merveilleux voyage !

1	2	3	4	5	6	7
d						

[LE PASSÉ COMPOSÉ ET L'IMPARFAIT DANS LE RÉCIT] p. 142

3 Écoutez le voyage de Naceur et répondez aux questions. cd 60
Utilisez le passé composé ou l'imparfait dans vos réponses.

a. Qu'est-ce que Naceur a fait à Genève ?

....

b. Pourquoi est-ce qu'Émilie était à Lausanne ?

....

c. A-t-il visité des musées

....

d. Est-ce qu'il a eu beau tem·

....

e. Qu'a pensé Naceur de .

....

[LE PASSÉ COMPOSÉ .

4 Conjuguez les verbes :
Le 10 août, nous (arrive.,
Marseille. D'abord, nous (ai.
ville en taxi ; tous les magas
fermés. Nous (marcher) ....
rues vides ! Le soir, la ville (s(
Vers 20 h, les gens (se pro·
(aller) ....

[LE PASSÉ COMPOSÉ ET

5 Transformez l'histoire .
Yoko aime beaucoup Paris ·
capitale française, elle se ·
Par chance, elle rencontre
chemin. Après ce voyage, ·

→ *Yoko aimait beaucoup P·*

....

....

....

....

....

....

....

 Vocabulaire

[LE SÉJOUR] p. 143

1 Reliez ces touristes au type de séjour qui leur correspond.

a. Une croisière
b. Club de vacances tout inclus
c. Circuit à vélo avec hébergement en camping

d. Circuit culturel avec logement chez l'habitant
e. Circuit découverte de la ville avec hébergement en auberge de jeunesse

[LE VOYAGE] p. 143

cd 61

2 De quoi parlent ces personnes ? Écoutez et entourez le thème qui convient.

1. le décollage de l'avion – l'atterrissage – le vol

2. réserver le billet – changer de l'argent – payer un supplément

3. la demi-pension – la pension complète – la formule tout compris

4. l'assurance annulation – le budget – la réservation

5. l'auberge de jeunesse – le camping – le logement chez l'habitant

6. la destination – le vol – le bagage

 **Grammaire**

[L'ACCORD DU PARTICIPE PASSÉ] p. 145

1 Avec quels noms s'accordent les participes passés en gras ? Soulignez-les.
Exemple : _Tous les voyages_ que j'ai **organisés** sont dans mon blog.

Mes filles sont **parties** au Sénégal pour six semaines. Je connais l'agence de voyages qu'elles ont **choisie** pour tout organiser. Elles vont dormir dans les hôtels que l'agence a **réservés**. Elles écrivent un blog de voyage très intéressant : leurs posts, je les ai **lus** plusieurs fois ! Les photos qu'elles ont **postées** sont très belles. La photo que j'ai **préférée** est le portrait d'un enfant et de sa mère.

[L'ACCORD DU PARTICIPE PASSÉ] p. 145

2 Entourez le participe passé qui convient.
Raoul : Je voudrais aller à Avignon et faire le circuit découverte « Sur les pas de Cézanne ».
Adèle : Comme tu veux, mais moi je suis déjà (allé / allée / allées / allés) à Avignon !
Raoul : Je sais, mais ce circuit est différent. On visite d'abord les lieux que Cézanne a (peint / peinte / peintes / peints), puis on va voir ses tableaux dans les musées.
Adèle : Nous ne verrons pas les maisons qu'il a (habité / habitée / habités / habitées) ?
Raoul : Voilà la brochure en PDF, je l'ai (ouvert / ouverte / ouvertes / ouverts) sur ta tablette, lis-la.
Adèle : Je crois que tu pourrais y aller avec ta mère. Elle adore les tableaux de Cézanne, elle les a (étudié / étudiée / étudiés / étudiées) dans son cours de peinture.

[L'ACCORD DU PARTICIPE PASSÉ] p. 145

3 Écoutez les questions et répondez à l'écrit, comme dans l'exemple. cd 62
Exemple : « – Tu as lu les guides de voyages ? »
    – Oui, je **les ai lus** en entier.

a. – Oui, ...

b. – Oui, ...

c. – Non, ...

d. – Oui, ...

e. – Non, ...

Vocabulaire

[LA VISITE TOURISTIQUE] p. 147

1 Remettez les étapes de la visite d'un musée dans l'ordre chronologique.

a. Visiter les salles en suivant le sens de la visite.
b. Trouver le musée sur le plan de la ville.
c. Acheter le billet au guichet.
d. Demander un audio-guide dans votre langue.
e. Chercher les informations pratiques sur le musée à l'office de tourisme.
f. Faire la queue devant le musée.

1	2	3	4	5	6
e					

[LES ENDROITS À VISITER] p. 147

2 De quels types de lieux touristiques s'agit-il ?

a. C'est un lieu démoli qui aide à comprendre le passé. → ....

b. C'était l'habitation d'un roi ou d'une famille importante. → ....

c. C'est une rue très petite. → ....

d. C'est une ville construite entre le 5ᵉ et le 15ᵉ siècle. → ....

Grammaire

[LES PRONOMS DÉMONSTRATIFS] p. 149

1 Remplacez les mots entre parenthèses par *celui, celle, ceux* ou *celles*.

a. Je voudrais une chambre pour deux, (la chambre) _celle_ de la dernière fois.

b. Mon guide de voyage préféré est (le guide) _celui_ que tu m'as offert.

c. Nous circulerons en train, nous prendrons aussi (le train) _celui_ qui passe au-dessus du vide.

d. Ils ont fait des visites guidées, toutes (les visites guidées) _celles_ de la ville !

e. Voici nos circuits touristiques, (les circuits) _ceux_ marqués d'une étoile sont pour les familles.

[LES PRONOMS DÉMONSTRATIFS] p. 149

2 Complétez avec un pronom démonstratif.

a. Je te conseille la visite de l'église Saint-Martin, c'est ....*celle*.... qui m'a plu le plus.

b. Réserve un des restaurants de la liste, ...*celui*.... que tu veux.

c. Ils font des voyages organisés, ils préfèrent ....*ceux*.... de l'agence Nature.

d. Mes destinations sont sûres, ...*celles*.... de tes amis sont un peu dangereuses.

e. Ta photo préférée de la Casamance, c'est ....*celle-ci*.... ou ....*celle-là*.... ?

Communication

[POUR SE RENSEIGNER SUR UN SITE TOURISTIQUE] p. 144

Vous êtes à l'office de tourisme de Bordeaux, vous demandez des renseignements sur le site de Saint-Émilion et la visite des domaines. Complétez ce dialogue.

Vous : Bonjour, je voudrais ....

....

Agent de l'office : Il y a plusieurs domaines à Saint-Émilion. Voici des brochures, avec les horaires des visites pour les différents châteaux.

Vous : ....

....

Agent de l'office : Entre une heure et une heure trente.

Vous : ....

....

Agent de l'office : Le prix varie d'un site à l'autre.

Vous : ....

....

....

Agent de l'office : De Bordeaux, vous pouvez prendre le train, quelques domaines sont accessibles à pied de la gare ; mais si vous avez une voiture, c'est encore mieux.

Phonétique Prononcer e, é, è

Repérage p. 150

1 Écoutez et soulignez les éléments que vous entendez.

a. (Je change / Je changeais) de budget.

b. (Le passager découvre / Les passagers découvrent) la cabine.

c. (Elle a réservé / Elle réserve) pour juillet.

d. (J'achète / J'ai acheté) mon billet de train.

e. Au contrôle, (il présentait / il présente) son passeport.

f. (Ce musée propose / Ces musées proposent) des tarifs étudiants.

Entraînement

**2 Lisez les phrases à voix haute et soulignez les sons [E].
Puis écoutez pour vérifier vos réponses.**

a. J'aime Rennes et la Bretagne au mois de mai.

b. C'est l'office de tourisme d'Île-de-France.

c. Nos guichets sont ouverts sans interruption.

d. Vous avez fait la queue pour voir la reine.

e. Mon objectif est d'arriver à l'auberge de jeunesse avant toi.

Phonie-graphie

**1 Écoutez et mettez l'accent aigu « é » à la bonne place
(attention aux [E] qui n'ont pas besoin d'accent).**

a. Mes amis guadeloupeens ont aime la ville medievale.

b. Le musee a change.

c. Ils ont visite la cathedrale le jour de leur arrivee.

**2 Écoutez et mettez l'accent grave « è » à la bonne place
(attention aux [E] qui n'ont pas besoin d'accent).**

a. Il y a beaucoup de passageres dans la croisiere.

b. Sa mere et son frere se levent tôt pour acheter un billet.

c. Il achete une semaine en pension complete.

Compréhension écrite

Lisez le texte et répondez aux questions suivantes.

http://le-mag.lastminute.com/interviews/la-reunion-vue-par-valerie/

La Réunion vue par Valérie

La Réunion, c'est un peu de France dans l'océan Indien, une terre de contrastes et de paysages spectaculaires. Valérie nous a raconté son périple dans cette île qui a su préserver sa nature sauvage.

Qu'est-ce qui t'a poussé à choisir cette destination ?
J'ai choisi la Réunion parce que j'avais vu des reportages sur la destination. J'y ai trouvé des paysages extraordinaires, très différents les uns des autres, des paysages qu'on ne s'attend pas à trouver dans l'océan Indien.

Est-ce que tu t'es documentée avant de partir ? Si oui, comment ?
Oui, je connaissais bien l'île Maurice et j'avais un ami mauricien qui allait souvent à la Réunion. J'ai pu lui demander des conseils sur les choses à y faire et y voir, à quelle saison y aller. Je voulais l'opinion de quelqu'un de proche de la destination.

Quel a été ton programme sur place ?
J'ai atterri avec mon amie dans un hôtel. Elle connaissait bien le directeur de cet hôtel et il nous a complètement prises en charge. Le programme, c'était visiter toute l'île, aussi bien le bord de mer que la partie montagneuse. Nous sommes parties à la rencontre de la population locale dans les « hauts », des villages préservés en pleine montagne, très difficiles d'accès. Les habitants de ces villages ont leur propre culture, car ils ne sont pas reliés à la capitale. Il s'agit d'une population repliée sur elle-même, de villages intacts qui ne se sont pas développés à la manière européenne, ils sont très authentiques et si différents de la partie côtière.

Dirais-tu de ton voyage qu'il est inoubliable ?
Absolument, j'ai beaucoup voyagé mais j'ai trouvé à la Réunion un concentré de tout ce que j'aime dans le voyage, l'aventure et la découverte.

Interview de Valérie Debord, Lastminute.com

Compréhension

1 Il s'agit :
O d'un article de journal.   O d'un courrier électronique.   O d'un post de blog.

2 La Réunion est une destination pour ceux...
O qui aiment les musées.   O qui aiment la nature.   O qui aiment les villes.

3 Valérie a choisi la Réunion parce qu'elle...
O connaissait un Réunionnais.   O a vu un film sur l'île.
O n'était jamais allée sur une île.

4 Pour organiser son voyage,...
O elle a consulté une agence.
O elle a demandé conseil à un ami.
O elle a lu des livres.

5 Elle a dormi...
O dans un hôtel.   O chez l'habitant.   O dans un camping.

6 Elle voulait voir...
O surtout le bord de mer.   O les montagnes.   O la côte et l'intérieur de l'île.

7 Elle donne des informations sur :
O les différentes plages.   O les habitants des villages.   O les bons restaurants.

8 Est-ce que Valérie a apprécié son voyage ? Justifiez votre réponse avec une phrase du texte.

....

Vocabulaire

9 Reliez chaque mot à sa signification.
a. Contrastes •   • **1.** Qui n'a pas changé
b. Un périple •   • **2.** Différences très fortes
c. Intact   •   • **3.** Long voyage avec des aventures

Production écrite

Vous avez voyagé dans un pays étranger ou vous avez visité une ville. Un jour, il s'est passé quelque chose de bizarre, d'inattendu et/ou d'agréable. Racontez votre expérience. Décrivez l'endroit, votre périple et donnez vos impressions. (80 mots)

....

....

....

....

....

....

....

Détente

Recomposez les noms des 8 sites touristiques du Sénégal, de la Suisse, de la France et du Québec (2 sites par pays). Puis, dans le tableau, associez chaque site à l'image qui lui correspond et à son pays.

a. Le parc national •   • 1. du Mont-Saint-Michel

b. La maison •   • 2. des Esclaves

c. Le grand glacier •   • 3. d'Aletsch

d. La fabrique •   • 4. de la Loire

e. L'abbaye •   • 5. Montmorency

f. Les châteaux •   • 6. du delta du Saloum

g. Le château •   • 7. de chocolat Cailler

h. La chute •   • 8. Frontenac

Sénégal	Suisse	France	Québec
• Photo ..... : ..... –	• Photo ..... : ..... –	• Photo ..... : ..... –	• Photo G : g – 8
• Photo ..... : ..... –	• Photo ..... : ..... –	• Photo ..... : ..... –	• Photo ..... : ..... – .....

ON RECRUTE

Grammaire

[LA MISE EN RELIEF] p. 156

1 Supprimez la mise en relief *(c'est ... qui/que)* dans les phrases suivantes.
Exemple : *C'est Paul qui a fait des études de droit. → Paul a fait des études de droit.*

a. C'est toi qui as fait l'exposé de sciences ? → ....
tu as fait l'exposé de sciences?

b. Ce sont les livres d'histoire que j'ai achetés. → *Je acheté les livres*
d'histoire

c. C'est lui qui va à l'université de Yale. → *Il va a l'université de*
Yale

d. C'est jeudi qu'elle doit se présenter à l'entretien. → *Elle doit se*
présenter à l'entretien

e. Ce qui me passionne, ce sont les sciences humaines. → ....
les science humaines me passionent

f. Ce que je ne veux pas, c'est me lever tôt. → *Je ne veux pas, me*
lever tot

[LA MISE EN RELIEF] p. 156

2 Complétez le dialogue avec *c'est ... qui/que, ce que* ou *ce qui*.

Martin : Où penses-tu faire ton stage ?

Tiago : Dans l'entreprise de mon oncle, **c'est** lui **qui** me l'a proposé. *C'est* une
entreprise *qui* est spécialisée dans le marketing. Et toi ?

Martin : Moi, *ce que* j'aimerais faire, c'est un stage dans une entreprise de
dessin. En fait, *c'est* le métier de dessinateur technique *que* j'aimerais faire.

Tiago : *Ce qui* est important, c'est de bien choisir son stage. *c'est* cette
expérience *qui* va nous permettre de trouver un travail.

[LA MISE EN RELIEF] p. 156

3 Remettez les éléments dans l'ordre pour former des phrases.

Exemple : *Ce que / aimerais / c'est / autre / dans / j' / pays. / vivre / dans / , / un*
→ *Ce que j'aimerais, c'est vivre dans un autre pays.*

a. changer / de / c'est / travail. / je /, / Ce que / veux

→ ....

b. métier / m'intéresse. / C'est / traductrice / le / qui / de

→ ....

c. étudier / je / Ce que / vais /, / ce / les / sont / langues.

→ ....

d. C'est / j' / que / aimerais / chinois / apprendre. / le

→ ....

e. les / me / passionne /, / ce / sont / sciences. / Ce qui

→ ....

f. aimerais / pause. / j' / faire /, / c'est / une / Ce que

→ ....

[LA MISE EN RELIEF] p. 156

4 Mettez en relief les éléments soulignés.

Exemple : <u>Il</u> ne mange pas de viande. → **C'est <u>lui</u> qui** ne mange pas de viande.

a. <u>Ces étudiants</u> étudient la médecine. → *Ce sont ces etudiants qui etudient la medecine*

b. <u>Il</u> a trouvé le livre de droit ennuyeux. → *c'est lui qui a trouve le livre de droit*

c. <u>Je souhaite</u> obtenir mon diplôme. → *Ce que je souhaite, c'est obtenir mon diplôme*

d. <u>Je me passionne</u> pour l'histoire de l'art. → *ce qui me passione, c'est l'histoire de l'art*

e. Nous avons cours <u>dans l'amphi</u>. → *c'est dans l'amphi que nous avons cours*

f. <u>Ces professeurs</u> viennent du Japon. → *Ce sont ces professeurs qui viennent du japon*

Vocabulaire

[LES ÉTUDES] p. 157

1 Complétez le tableau avec les mots suivants : *brevet des collèges / tests / lycée / matières / licence / université / évaluation / lettres.*

Diplômes	baccalauréat, ... , ...
....	sciences, ... , droit
Établissements	collège, ... , ...
....	examens, ...

[LES ÉTUDES] p. 157

2 Entourez l'intrus.

a. l'école – le collège – la matière – le lycée

b. l'université – le baccalauréat – le master – le doctorat

c. la note – la médecine – le résultat – l'évaluation

d. l'élève – l'étudiant – l'enseignant – le lycéen

[LES ÉTUDES] p. 157

3 Écoutez et reliez chaque portrait à la photo qui convient.

cd 67

a   b   c   d

Portrait 1	Portrait 2	Portrait 3	Portrait 4

Grammaire

[LE DISCOURS RAPPORTÉ AU PRÉSENT] p. 159

1 Reliez pour former des phrases au discours rapporté.

a. Elle dit qu'	**1.** va se passer s'il ne révise pas.
b. Je lui demande où •7	**2.** signifie « BU ».
c. Nous lui demandons quand • 4	**3.** elle a travaillé en entreprise.
d. Tu veux savoir ce que • 2	**4.** il viendra.
e. Il te demande ce qu' • 5	**5.** il doit faire pour son inscription.
f. Elle demande si • 6	**6.** tu connais le responsable du service.
g. Vous lui indiquez ce qui • 1	**7.** se trouve le cours de portugais.

[LE DISCOURS RAPPORTÉ AU PRÉSENT] p. 159

2 Entourez l'élément qui convient.

Exemple : *Pendant un entretien, l'employeur vous demande (si / où / comment) vous pouvez vous présenter.*

a. Il vous demande (ce que / ce qui / quand) vous avez étudié l'année dernière.

b. Il vous demande (ce qui / pourquoi / si) vous avez postulé dans son entreprise.

c. Il vous demande (ce que / ce qui / quel) est votre parcours professionnel.

d. Il vous demande de dire (quelles / où / comment) sont vos motivations.

e. Il veut savoir (si / ce que / ce qui) vous parlez plusieurs langues.

f. Il veut savoir (pourquoi / si / comment) vous avez connu son entreprise.

[LE DISCOURS RAPPORTÉ AU PRÉSENT] p. 159

3 Écoutez et rapportez les paroles des personnes à l'écrit. cd 68

Exemple : *« Vous venez préparer l'examen ? »* → *Il lui demande si elle vient préparer l'examen.*

a. Il dit qu' ....

b. Elle demande où ....

c. Elle vous demande quand ....

d. Il demande ce que ....

e. Elle veut savoir ce qu' ....

f. Il demande si ....

g-Vous lui indiquez ce qui

 **Vocabulaire**

[QUELQUES PROFESSIONS] p. 161

1 Associez les photos à leur domaine et à la phrase qui leur convient.

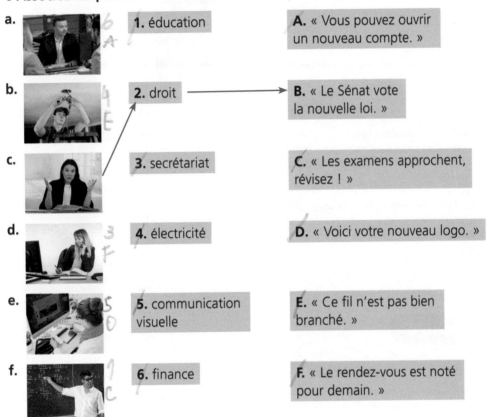

a.

1. éducation

A. « Vous pouvez ouvrir un nouveau compte. »

b.

2. droit

B. « Le Sénat vote la nouvelle loi. »

c.

3. secrétariat

C. « Les examens approchent, révisez ! »

d.

4. électricité

D. « Voici votre nouveau logo. »

e.

5. communication visuelle

E. « Ce fil n'est pas bien branché. »

f.

6. finance

F. « Le rendez-vous est noté pour demain. »

[LE MONDE PROFESSIONNEL] p. 161

2 Entourez les six intrus dans ce nuage de mots.

entreprise — se reconvertir — employeur — informer — patron — travail — le bureau — contrat de travail — se restaurer — touriste — vacanciers — salaire — curriculum vitae — emploi — démissionner — localiser — visiter — le boulot — offre — poste

[LE MONDE PROFESSIONNEL] p. 161

3 Écoutez les présentations et dites à qui appartient le CV suivant. Entourez dans le CV les mots clés qui justifient votre réponse.

cd 69

Grégoire Alonso
12, rue du Parc
17000 Saintes
galonso@xmail.com
09.24.48.96.12

Célibataire
30 ans

Diplômes
2015 : Master en droit international
2010 : Bac L

Expériences professionnelles
Depuis juin 2015 : assistant juridique - Cabinet JFPJ Saintes
Janvier – mai 2015 : stage - Cabinet JFPJ Saintes

Langues
Espagnol : C1 – Portugais : B1 – Anglais : A2

Informatique
Pack Office

• CV de la présentation n° : ....

 Grammaire

[LES VERBES À PRÉPOSITION] p. 163

Entourez la préposition qui convient.

Exemple : *Nous rêvons (à / de) travailler en Australie.*

a. J'ai réussi (à / de) trouver des aides.

b. Elle l'aide (à / d') écrire sa lettre de motivation.

c. Il a décidé (à / de) changer de voie.

d. Nous nous sommes dépêchés (à / d') envoyer notre candidature.

e. Vous avez oublié (à / d') envoyer le devis.

f. Tu l'as encouragé (à / de) réviser son examen.

g. On a besoin (à / de) changer d'ambiance.

h. Je commence (à / de) comprendre ce métier.

i. Pourquoi avez-vous refusé (à / de) suivre ce MOOC ?

Communication

[PARLER DE SES PROJETS PROFESSIONNELS] 📖 p. 158

À partir du schéma, décrivez les projets professionnels de Marine dans un texte de 60 à 80 mots.

Marine a plusieurs projets. Elle veut faire évoluer sa carrière…

Me motiver

M'améliorer

Travailler plus efficacement

En langue

Me former

Dans mon domaine

Mes projets professionnels

Faire un bilan

Ma carrière

Évoluer

Travailler à l'étranger

Nouveaux défis

Changer de poste, de métier

....

....

....

....

....

....

....

....

....

Phonétique La dénasalisation

Repérage 📖 p. 164

1 Prononciation identique (=) ou différente (≠) ? Écoutez les mots et cochez.

	a	b	c	d	e	f	g
=							
≠	X						

Entraînement

2 Écoutez ces phrases et, à l'oral, transformez-les au pluriel comme dans l'exemple.

Exemple : **a.** *Il revient et il se souvient.* → *Ils reviennent et ils se souviennent.*
b. Il apprend et il obtient. – **c.** Elle comprend et elle soutient. – **d.** Elle vient et elle prend.

3 Écoutez ces phrases et, à l'oral, transformez-les au féminin comme dans l'exemple.

Exemple : **a.** *C'est un ancien électricien.* → *C'est une ancienne électricienne.*
b. C'est un bon lycéen. – **c.** C'est un collégien tunisien. – **d.** C'est un patron humain.

4 Lisez ces phrases à voix haute puis écoutez pour vérifier votre prononciation.

a. Ils apprennent les droits humains ou les sciences humaines ?
b. Fabienne apprend sa leçon.
c. Simon et Simone ne comprennent rien.
d. Gaston, mon patron, démissionne, il n'est pas bon dans sa profession.
e. Il fait des dessins en réunion, son attitude n'est pas professionnelle.
f. Dans son bureau, le téléphone sonne et personne ne répond.

Compréhension orale

APPRENDRE AUTREMENT

Écoutez ce reportage et répondez aux questions.

1 Quel est le sujet du reportage ?
O Les cours en présentiel.
O Les cours en sciences du langage.
O Les cours en ligne ouverts à tous.

2 Les personnes interrogées ont-elles un avis positif (+) ou négatif (–) ?

Personnes interrogées	+	–
Homme 1		
Femme 1		
Homme 2		
Femme 2		
Homme 3		
Femme 3		

3 Pourquoi certains participants n'ont pas aimé cette expérience ? Trouvez deux exemples.

a. ....

....

b. ....

....

4 Pourquoi d'autres participants ont aimé cette expérience ? Trouvez deux exemples.

a. ....

....

b. ....

....

 ## Production orale

[JEUX DE RÔLE]

À deux. Vous avez suivi un MOOC sur l'écriture de la lettre de motivation. Choisissez la fiche A ou B. Lisez les informations de la fiche et échangez avec votre partenaire.

Apprenant A

Vous avez aimé le cours. Vous exposez à B les points forts des MOOC.
Points forts : *rythme, contenu du cours intéressant et facile à comprendre, maintenant vous comprenez mieux comment écrire une lettre de motivation.*
Vous lui proposez d'essayer à nouveau les MOOC.

Apprenant B

Vous n'avez pas aimé le cours. Vous parlez à A des points faibles des MOOC.
Points faibles : *pas assez complet, pas adapté à vos besoins, vous préférez les cours en face à face. Les MOOC ne conviennent pas à votre manière d'apprendre.*
Vous ne voulez pas essayer d'autre MOOC. Vous préférez les cours en classe avec de « vraies » personnes.

Préparation au DELF A2 **Compréhension de l'oral**

[STRATÉGIES] p. 124

Lisez les questions. Écoutez le document puis répondez.

cd 75

Vous avez répondu à une offre d'emploi de l'entreprise française Poirach. Vous avez envoyé votre CV et une lettre de motivation. Vous écoutez ce message sur votre répondeur. Répondez aux questions.

1 Quelle est la profession d'Antoine Châtaigner ?

....

2 L'entreprise est spécialisée en…
○ dessin de construction de maison.
○ dessin de presse.
○ dessin de jouets.

3 La directrice n'a pas reçu votre lettre de motivation.
○ Vrai   ○ Faux

4 La directrice a reçu votre CV.
○ Vrai   ○ Faux

5 Vous avez rendez-vous avec…
○ Mme Pantier.
○ Mme Poirier.
○ Mme Barnier.

6 Quel jour avez-vous rendez-vous ?

....

....

7 Vous pouvez appeler Antoine Châtaigner au…

____.____.____.____.____

8 Vous devez envoyer au plus vite :
○ une copie de vos diplômes.
○ une copie de votre carte d'identité.
○ une copie de votre curriculum vitae.

L'APPEL DE LA NATURE

 **Grammaire**

[L'EXPRESSION DU BUT] p. 170

1 Complétez les phrases avec *pour* ou *pour que*.

a. Nous avons créé une association ....*Pour*.......... lutter contre la pollution.

b. Nous devons sensibiliser les gens .....*Pour que*.... l'environnement reste protégé.

c. Nous nous mobilisons ....*Pour*............ la protection de la planète.

d. Dans le parc national, il y a des règles .....*Pour que*.... la nature reste propre.

e. En randonnée, je prends un sac en plastique ......*Pour*........ trier mes déchets.

[L'EXPRESSION DU BUT] p. 170

2 Entourez la bonne réponse comme dans l'exemple.

Exemple : *Des mesures de prévention sont prises par les parcs nationaux pour que les animaux (sont / soient) protégés.*

a. Des campagnes de sensibilisation sont organisées pour que nous (préservons / préservions) la nature.

b. À l'entrée des espaces protégés, un panneau indique les règles à suivre pour que nous (respectons / respections) la faune et la flore.

c. J'ai mis un sac poubelle dans ton sac de randonnée pour que tu (peux / puisses) recycler tes déchets.

d. Marie fait une leçon sur le tri des déchets pour que ses élèves (soient / sont) capables de les trier.

e. Il s'agit d'une action de sensibilisation pour que nous (nettoyons / nettoyions) les plages.

[L'EXPRESSION DU BUT] p. 170

3 Infinitif ou subjonctif ? Choisissez et conjuguez le verbe si nécessaire.

Exemple : *Nous respectons les espaces protégés pour que la nature (rester) … propre.*
→ *Nous respectons les espaces protégés pour que la nature reste propre.*

a. Les habitants trient leurs déchets pour que les villes et les villages (être)

.... moins pollués.

b. Jean-Lin travaille dans un parc national pour (sensibiliser) .... les

randonneurs à la protection de l'environnement.

c. Je participe à une campagne pour (éviter) .... la pollution des océans.

d. Les randonneurs suivent des règles pour ne pas (nuire) .... à la nature.

e. Je respecte la faune et la flore pour que les espèces ne (disparaître) .... pas.

 Vocabulaire

[LES MILIEUX NATURELS, LES ESPACES PROTÉGÉS] p. 171

1 Retrouvez le nom des quatre paysages.

a **b** **c** **d**

☐☐☐☐☐☐☐   ☐☐☐☐☐☐☐   ☐☐☐☐☐☐   ☐☐☐☐☐

[L'ENVIRONNEMENT] p. 171

2 Écoutez et trouvez le(s) thème(s) de chaque phrase.
cd 76

	a	b	c	d	e
La faune					
La flore					
Les espaces protégés					
La pollution					

[L'ENVIRONNEMENT] p. 171

3 Barrez l'intrus.

a. l'animal domestique – l'espèce animale – le prédateur – la racine – la proie

b. le bourgeon – la graine – le pétrole – le tronc – la feuille

c. l'emballage – le papier gras – la branche – la marée noire – le mégot de cigarette

[AGIR POUR L'ENVIRONNEMENT] p. 171

4 Observez les photos et complétez les slogans.

1. Préservons ensemble .... !

2. Faites des économies d'... !

3. Ramassez vos .... !

Grammaire

[LA FORME PASSIVE] p. 173

1 Écoutez et dites si les phrases sont à la voix active ou à la voix passive.
cd
77

	a	b	c	d	e
Voix active					
Voix passive					

[LA FORME PASSIVE] p. 173

2 Soulignez les phrases à la voix passive.

a. Paul est employé par la ville de Pau. Il participe à des campagnes d'information sur la protection des montagnes et des forêts.

b. Il propose d'organiser une grande journée contre la pollution des montagnes. Sa proposition est acceptée par le maire de la ville.

c. Les habitants sont invités par la mairie à participer à l'opération.

d. Le jour de cet événement, des stands seront tenus par des bénévoles.

e. Paul distribuera des brochures qui donneront des conseils pour préserver les montagnes de la pollution.

[LA FORME PASSIVE] p. 173

3 Transformez les phrases à la voix passive comme dans l'exemple.
Exemple : *Les tempêtes détruisent les forêts.* → *Les forêts sont détruites par les tempêtes.*

a. La nature m'intéressait.

→ ....

b. La campagne Reforest'Action emploie des personnes sensibles à la protection des forêts.

→ ....

c. Des associations protègent les animaux sauvages.

→ ....

d. Les bénévoles préserveront les forêts.

→ ....

e. Les forêts occupent 30 % du territoire français.

→ ....

 Vocabulaire

[LES ANIMAUX] p. 175

1 Remettez les lettres dans l'ordre et trouvez le nom des animaux.

a. O – M – T – I – P – O – A – P – E – H – P : ....

b. A – I – A – N – R – C : ....

c. T – M – A – R – H – S – E : ....

d. G – N – I – E – S : ....

[LES ANIMAUX] p. 175

2 Classez les animaux suivants selon leur famille : *le chat / la tortue / la mouette / l'éléphant / le chameau / la chèvre / le serpent / la pie / le lézard / le rhinocéros / le renard / la vache / le mouton / le crocodile / le perroquet / le loup / l'aigle / le lion / le pigeon.*

Les mammifères sauvages	Les reptiles	Les oiseaux	Les animaux domestiques
....	....	....	....
....	....	....	....
....	....	....	....
....	....	....	....
....	....	....	....
....	....	....	....
....	....	....	....

[LE CORPS DES ANIMAUX] p. 175

3 Trouvez les parties du corps et placez-les dans la grille.

1. Le chat en a quatre, la poule en a deux.
2. Le poisson ne peut pas nager sans des ....

a. L'oiseau vole avec des ....
b. L'éléphant boit avec la ....
c. L'oiseau mange avec un ....

Grammaire

[LA SUCCESSION DANS LE TEMPS] p. 177

Complétez les phrases avec *après, avant de* **ou** *avant d'.*

a. J'ai commencé à trier mes déchets .... avoir compris l'importance du recyclage pour la planète.

b. Nous nous sommes engagés à Greenpeace .... créer notre propre association.

c. Il a étudié la gestion et la protection de la nature .... aller en Grèce travailler pour la protection des tortues marines.

d. Il s'est impliqué dans une association écologique .... avoir visité plusieurs réserves naturelles.

e. Les citoyens ont défendu la cause des tigres sauvages .... avoir été informés de leur situation.

Communication

[POUR EXPRIMER SON INQUIÉTUDE ET SA DÉSAPPROBATION] p. 174 p. 177

Vous lisez ce message sur le forum de votre ville. Vous désapprouvez le projet d'aéroport. Répondez à cette personne. Exprimez votre désaccord et votre inquiétude. (60 mots)

○ ○ ○

Chloé26 : Qu'est-ce que vous pensez de ce projet d'aéroport à côté de notre grande forêt ? Ce sera bien pour développer le tourisme. Mais est-ce que ce sera bon pour l'environnement ?

Vous : ....

....

....

....

....

Phonétique   Les sons [R], [l] et [g]

Repérage   p. 178

1 Écoutez et dites si vous entendez « gl » ([g] + [l]) ou « gr » ([g] + [R]) dans les mots. cd 78

	a	b	c	d	e	f	g
[gl]							
[gR]	X						

Entraînement

2 Écoutez les phrases plusieurs fois. Répétez-les puis comptez le nombre de [R], de [l] et de [g] entendus dans chaque phrase. cd 79

a. [R] = *3 fois*   [l] = *2 fois*   [g] = *1 fois*

b. [R] = …   [l] = …   [g] = …

c. [R] = …   [l] = …   [g] = …

d. [R] = …   [l] = …   [g] = …

e. [R] = …   [l] = …   [g] = …

Lisez la transcription, p. 130 pour vérifier vos réponses.

Phonie-graphie

Écoutez et écrivez les mots ou expressions qui manquent. Puis lisez les phrases à voix haute. cd 80

a. Pour respecter la nature, il faut être ………………………………………………… .

b. Comment limiter les ………………………………………… à effet de ………………………………………… ?

c. La plage est sale, il y a des ………………………………………… de cigarette et des

………………………………………… .

d. Luttons contre la dégradation et la ………………………………………… .

e. Est-ce que mon ………………………………………… te plaît ?

f. Quelles espèces ………………………………………… sont en voie de disparition ?

Compréhension écrite

Lisez le document et répondez aux questions.

Pour nous tous... une seule Terre

Un constat...
Depuis plus de deux siècles, nous puisons sans compter dans les ressources de la planète. Nous sommes de plus en plus nombreux sur Terre, nos modes de vie demandent de plus en plus d'énergie et de ressources. Cette situation n'est pas durable !

+ de biens achetés et jetés
Nous possédons de plus en plus d'objets. De nouvelles technologies apparaissent et nous voulons en profiter : ordinateurs, téléphones portables, jeux vidéos... Ces nouveaux besoins ne sont pas sans conséquence : la fabrication et le fonctionnement de cette multitude d'objets nécessitent des matières premières et consomment beaucoup d'énergie ; nous jetons et remplaçons certains produits rapidement. Cela augmente la quantité de déchets que nous produisons.

+ d'énergie consommée
En 50 ans, la population de la Terre a été multipliée par 2,5 mais la consommation d'énergie par 5. Pourquoi ? Nous consommons – et nous gaspillons – de plus en plus d'énergie pour bouger, fabriquer et transporter ce que nous achetons, améliorer notre confort...

Extraits du guide de l'ADEME « Petites réponses à de grandes questions sur la planète »

Compréhension

1 Le constat sur les problèmes liés à la planète est-il :
O positif ?   O négatif ?

2 D'après le texte, la planète est en danger parce que... (plusieurs réponses possibles)
O elle n'a plus de ressources.
O nous consommons de plus en plus d'énergie.
O elle n'est pas protégée.
O nous sommes trop nombreux.

3 Citez trois objets qui consomment beaucoup d'énergie.

- ....
- ....
- ....

4 D'après le texte, que fait-on des produits que nous achetons ? Répondez par « Vrai » ou « Faux ».

Nous les recyclons.   ○ Vrai   ○ Faux

Nous les jetons.   ○ Vrai   ○ Faux

Nous les trions.   ○ Vrai   ○ Faux

Nous les remplaçons trop vite.   ○ Vrai   ○ Faux

5 Pourquoi nous consommons de l'énergie ? Trouvez trois raisons.

- ....
- ....
- ....

Vocabulaire

6 Associez le mot à sa définition.

a. jeter ●	● **1.** Dépenser.
b. gaspiller ●	● **2.** Quelque chose qu'on possède.
c. puiser sans compter ●	● **3.** Mettre à la poubelle.
d. un bien ●	● **4.** Prendre sans limite.

Production écrite

Inventez ou choisissez une association qui agit pour la protection de la nature dans votre pays. Présentez-la et donnez un exemple d'action qu'elle mène (le recyclage des déchets, la pollution des océans, la reforestation...). Expliquez pourquoi cette association est importante pour vous. (80 mots)

....

....

....

....

....

....

....

....

Détente

1 Observez les photos. Pour chaque photo, imaginez un slogan à l'aide des mots ci-dessous :

1
....
....

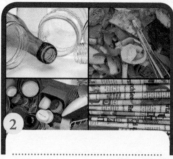

2
....
....

L'ours polaire

mers propres
recyclage
voie d'extinction

Gardons

arbres

danger
Préservons
engagera

un sac plastique

3
....

4
....

2 Dans cette grille, retrouvez et entourez les mots suivants : *protéger / recycler / trier / déchet / pétrole / proie / prédateur / bourgeon / racine.* **Attention, les mots peuvent être à l'horizontale (← →) ou à la verticale (↑ ↓).**

P	R	E	D	A	T	E	U	R	I	B
R	E	T	O	I	R	A	H	I	N	O
O	S	E	L	E	I	O	R	P	A	U
T	P	H	S	B	E	L	I	R	T	R
E	E	C	H	E	R	L	O	E	U	G
G	C	E	C	A	R	A	C	I	N	E
E	T	D	A	T	E	V	I	O	E	O
R	E	E	L	O	R	T	E	P	O	N
R	R	E	C	Y	C	L	E	R	E	C

TRANSCRIPTIONS

unité 1

page 6

Grammaire **La phrase négative**
Activité 1 (piste 2)
a. On se retrouve parfois au théâtre le dimanche.
b. Je ne suis pas libre les jeudis soirs.
c. Elle a déjà vu Mika en concert à Paris.
d. On ne va jamais au cinéma les samedis.
e. On a encore du temps pour aller visiter l'expo à Beaubourg.
f. Nous regardons souvent des comédies françaises à la télévision.

page 10

Phonétique **Les sons [s] et [z]**
Activité 1 (piste 3)
a. au Salon des sports
b. au musée de la musique
c. la compétition non stop
d. désolée, pas de visite
e. la naissance de la danse
f. quelque chose d'amusant

Activité 2 (piste 4)
a. Tu préfères les échecs ou les Seychelles ?
b. Les comédiennes se sont changées ou elles ont changé ?
c. Elle répète sa scène ou elle pratique le zen ?
d. Ils installent le jeu ?
e. L'art, passion ou poison ?
f. C'est un jeu de hasard ?

Phonie-graphie **(piste 5)**
a. J'ai reçu une invitation au Festival de Cannes.
b. J'ai visité le zoo de Beauval.
c. J'ai fait connaissance avec un musicien de jazz.
d. J'ai rencontré par hasard une joueuse de trompette.
e. J'ai dansé avec un acteur de cinéma.
f. J'ai vu une pièce de théâtre jouée par des amatrices.

page 11

Compréhension orale **L'enfance et la carrière de Fabrice Luchini (piste 6)**

Les parents de Fabrice Luchini, immigrés italiens, sont venus en France et ont travaillé comme marchands de fruits et de légumes. Fabrice Luchini est né à Paris en 1951.
Fabrice n'a jamais aimé l'école. À 13 ans, il est devenu apprenti dans un salon de coiffure très chic. Grand amateur de soul music, il a toujours aimé danser en discothèque sur cette musique. Il a lu Balzac, Flaubert et Proust et il a adoré ces écrivains. Il a débuté sa carrière d'acteur en 1969. Il a joué son premier rôle dans le film *Tout peut arriver* de Philippe Labro. Puis, il a pris des cours d'art dramatique. En 1990, il a reçu le César du meilleur acteur pour son rôle dans *La Discrète* de Christian Vincent. Il est devenu populaire auprès du grand public et a connu de nombreux succès depuis les années 90. Aujourd'hui, ses deux véritables passions sont le théâtre et le cinéma. Dans son spectacle *Variations*, il a lu sur scène des *Fables* de La Fontaine. En 2015, il a tourné dans un film *Un début prometteur* sous la direction de sa fille, Emma Luchini.

unité 2

page 13

Grammaire **L'imparfait**
Activité 1 (piste 7)
a. Quand j'étais petit, je vivais à Toulouse.
b. Ils dînent avec leurs grands-parents toutes les semaines.
c. Nous allions souvent au cirque.
d. De temps en temps, vous jouez au basket.
e. Tu bois du café tous les jours.
f. Il voyageait toujours pendant les vacances.

page 14
Activité 5 (piste 8)
a. À cette époque, je travaillais à Besançon.
b. Chaque jour, j'allais au marché à pied.
c. Tous les mercredis, je jouais au théâtre.
d. Mes amis et moi dînions souvent après le spectacle.
e. Nous allions tout le temps au restaurant « Le Zinc ».

page 15

Vocabulaire **Qualifier un souvenir**
Activité 2 (piste 9)
1. J'étais heureux d'aller faire du ski chaque mercredi.
2. Quand j'étais enfant, j'étais triste de jouer toute seule.
3. Mmmmmh… Mes voyages en Asie… des moments inoubliables !
4. Aaaaaaaaaah ! Les hivers à la montagne avec toute la famille ! C'était génial !
5. Nous avons un très mauvais souvenir de nos vacances à la mer.

page 19

Phonétique **La liaison obligatoire avec le pronom en**
Activité 1 (piste 10)
a. Il en sort.
b. Il en est sorti !
c. J'en viens.
d. Je n'en sors pas.
e. Elle n'en est jamais revenue.
f. Je m'en vais.
g. Vous n'en êtes pas sortis.

Activité 2 (piste 11)
a. Elle en sort ou elle en est sortie ?
b. Tu en viens ou tu en es venu ?
c. Tu en décolles ou tu n'en as pas décollé ?
d. Elle en revient ou elle en est venue ?
e. Il en arrive ou il n'en est pas sorti ?
f. Tu en es venu ou tu n'en es pas venu ?
g. Tu en arrives ou tu n'en arrives pas ?

Activité 3 (piste 12)
a. Paul en est parti. Il en part.
b. Il en est revenu. Il en revient.
c. Tu en es sorti. Tu en sors.
d. Tu en pars. Tu en es parti.
e. J'en arrive. J'en suis revenu.
f. Il en repart. Il en est reparti.
g. Elle en est descendue. Elle en descend.

unité 3

page 25

Vocabulaire **Les pièces d'un logement**
Activité 3 (piste 13)
a. C'est un petit studio avec une cuisine équipée, une salle de bains et des

toilettes séparées. Le salon est lumineux avec ses deux fenêtres.

b. Il s'agit d'un F3 qui a un beau séjour avec une grande terrasse très agréable. Les deux chambres sont de l'autre côté du couloir, avec la salle de bains et les toilettes.

c. Il y a quatre pièces : un salon, une salle à manger, deux grandes chambres et un balcon.

Page 27

Vocabulaire Le quartier, la ville
Activité 2 (piste 14)
a. Je travaille dans un quartier où il y a des tours avec de nombreux bureaux. Le matin, dans la rue principale, beaucoup de gens viennent y travailler, mais la nuit c'est mort.

b. J'aime bien ma rue, des personnes très différentes y habitent. Il y a beaucoup de magasins d'alimentation et des boutiques de vêtements pas très chères.

c. Il y a vingt ans, les immeubles anciens étaient en mauvais état. Maintenant, on a assaini les bâtiments. C'est un quartier magnifique, des voyageurs du monde entier viennent le visiter et voir les belles boutiques de luxe.

d. Depuis quelques années, ma rue a beaucoup changé. Avant c'était un quartier populaire, maintenant c'est une zone piétonne avec des magasins bio, des galeries d'art et des bars à la mode.

Page 29

Phonétique Prononcer *plus*
Activité 1 (piste 15)
a. Le parc est plus loin.
b. La gare est plus animée.
c. J'achète plus d'étagères.
d. Le théâtre est plus agréable.
e. Mon quartier est plus beau.
f. Mon chat mange plus.
g. La maison est plus chère.

Activité 2A (piste 16)
a. Ma rue est animée. *[pause]* Ma rue est plus animée.
b. Mon quartier est calme. *[pause]* Mon quartier est plus calme.
c. Ma ville est intéressante. *[pause]* Ma ville est plus intéressante.

Activité 2B (piste 17)
a. Je construis. *[pause]* Tu construis plus.
b. J'embellis. *[pause]* Tu embellis plus.
c. Je démolis. *[pause]* Tu démolis plus.

Phonie-graphie
Activité 2 (piste 18)
a. Les transports sont plus près.
b. Ils construisent plus.
c. Il y a plus d'habitants.
d. Les voisins sont plus amicaux.
e. Le quartier est plus chic.
f. La rue est plus animée.

Page 30

Compréhension orale Study Hôtel, une résidence ouverte à tous (piste 19)
Juliette est apprentie préparatrice en pharmacie. Elle étudie une semaine sur trois au centre Hygie formations. Le reste du temps, elle travaille dans une pharmacie de Biganos. Pour cette jeune femme comme pour ses camarades, difficile de rentrer à la maison tous les soirs ! Depuis la rentrée, elles vivent dans la toute nouvelle résidence hôtelière située à côté du centre de formation.
Les avantages de l'hôtel et de la location
Les étudiants trouvent un lit fait quand ils arrivent le dimanche soir et on leur prépare le petit déjeuner tous les matins. Le ménage est fait après leur départ. Les apprentis apprécient également l'équipement très complet des studios. « Plaques chauffantes, micro-ondes, frigo : c'est pratique pour manger chaud et équilibré le soir », s'enthousiasme Juliette « et on a aussi une boulangerie et la coopérative paysanne au coin de la rue. Et si on veut aller plus loin, il y a le tram en bas de l'immeuble ».
Une résidence ouverte à tous
Essentiellement peuplé d'étudiants apprentis, Study Hôtel est ouvert aux stagiaires, aux jeunes salariés... à la recherche d'une formule d'hébergement de courte durée à petits prix.

---

unité 4

Page 33

Grammaire
Le futur simple
Activité 1 (piste 20)
a. Tu reviendras.
b. Je vais réserver.
c. Elles marcheront.
d. J'aurai.
e. On travaillera.
f. Vous avez vu.
g. Nous connaissons.

Page 35

Vocabulaire Les sciences et techniques
Activité 2 (piste 21)
a. Tu es sûr qu'il marche bien ton GPS ? Moi je préfère avoir un plan pour trouver mon chemin.
b. Je ne sais plus faire la cuisine sans mon robot.
c. Qu'est-ce que c'est ? C'est une tablette ou un téléphone portable ?
d. Zut, mon ordinateur est encore en panne, il faut que je retourne au magasin.

Grammaire La condition avec *si*
Activité 1 (piste 22)
a. Quand mes amis viennent à la campagne, ils passent deux jours sans internet et sans téléphone portable.
b. Quand je n'ai plus de batterie, j'utilise mon chargeur.
c. Si vous téléchargez de la musique gratuitement, vous faites quelque chose d'illégal !
d. Si tu envoies un texto à Fabien, tu l'énerveras. Il n'aime pas ça !
e. Quand j'aurai deux minutes, je consulterai mes mails et je vérifierai mon profil Facebook.
f. Si ta sonnerie de téléphone est trop forte, change-la !

Page 37

Vocabulaire Internet
Activité 1 (piste 23)
Léon : J'allume mon ordinateur le soir pour naviguer sur internet et consulter mes courriels. Mon téléphone portable est un modèle très simple. Je téléphone à mes amis et j'envoie des textos, ça me suffit.
Sandie : Je suis connectée toute la journée ! Sur mon smartphone, je regarde mon courrier électronique et je vais sur Facebook, Twitter...
Annie : J'aime bien aller sur plusieurs sites internet : j'y trouve des images, des livres ou des vidéos et je les télécharge. J'ai toute une bibliothèque sur mon ordinateur.
Karim : Mon ordinateur portable me permet de lire des documents, d'écrire des articles et de faire des recherches. J'utilise mon téléphone pour lire mes mails.

Page 38

Grammaire Le pronom *on*
Activité 1 (piste 24)
a. On a mis ta photo sur un blog : qui a fait ça ?

b. Hélène et moi, on a regardé un film sur ma tablette hier soir.

c. Au Québec, on peut utiliser le mot « égoportrait ».

d. On est entré dans le système informatique de la banque ! Police !

e. Aujourd'hui, on utilise plus les ordinateurs qu'il y a dix ans.

f. Paul, on regarde ce soir les prix des billets d'avion sur internet ?

Page 39

Phonétique Les nasales [ɑ̃], [ɔ̃] et [ɛ̃]

Activité 1 (piste 25)

a. Nous changerons.

b. On attend.

c. Ils attendront.

d. L'écran fonctionne.

e. Compte quarante euros.

f. On part quand ?

Activité 2 (piste 26)

a. Nous avons besoin d'un cours d'informatique avec un ingénieur.

b. Dans onze ans, il y aura de grands changements dans de nombreux domaines.

c. Que pensons-nous de l'automatisation et de la robotisation ?

d. Il est important et indispensable de comprendre le futur.

e. On empêche souvent le développement et l'innovation.

Phonie-graphie (piste 27)

a. La maison intelligente changera notre vie.

b. Minuit cinq ! C'est le moment d'embrasser tout le monde.

c. L'inventeur pense à l'évolution et aux changements importants.

d. Le constructeur se sent tranquille.

e. N'éteins pas la télévision, l'émission m'intéresse.

f. On apprend à compter sur les doigts de la main.

---

unité 5

page 43

Grammaire

L'obligation et l'interdiction

Activité 1 (piste 28)

1. Il est strictement interdit de participer à la course sans certificat médical.

2. Il est nécessaire de se changer après la course.

3. Il est défendu de fumer.

4. Vous avez l'obligation d'arriver à l'heure.

5. Il n'est pas permis de boire de l'alcool.

6. Vous ne devez pas vous asseoir avant le départ.

page 45

Vocabulaire Le corps et la santé

Activité 2 (piste 29)

La secrétaire : Cabinet médical, bonjour !

M. Morin : Bonjour madame, je suis monsieur Morin, je suis malade. Je voudrais prendre un rendez-vous avec le médecin.

La secrétaire : Qu'est-ce qui ne va pas ?

M. Morin : J'ai très mal à la tête, je me sens fatigué et je tousse. Mon nez est bouché et ma gorge est rouge.

La secrétaire : Vous avez des problèmes digestifs ?

M. Morin : Oui, j'ai mal à l'estomac. J'ai aussi des douleurs articulaires, mon genou est blessé.

La secrétaire : Je vois… Ne vous inquiétez pas, le docteur va venir chez vous pour la consultation aujourd'hui.

M. Morin : Merci madame, j'attends le docteur chez moi.

page 47

Vocabulaire Les médicaments

Activité 2 (piste 30)

Madame Poncy, voici votre ordonnance : une boîte d'antibiotiques, trois fois par jour : un le matin, un le midi et un le soir. Des ampoules, une fois par jour, le matin. Deux cuillères à soupe de sirop toutes les trois heures. Un comprimé de vitamine C tous les matins.

page 49

Phonétique Le son [j]

Activité 1 (piste 31)

a. des œufs / des yeux

b. que vous ayez / que vous ayez

c. que tu aies / que tu ailles

d. études / étudier

e. il s'assied / il s'assied

f. nous allons / nous allions

page 50

Phonétique Le son [j]

Activité 2 (piste 32)

a. Veuillez manger moins pour améliorer votre sommeil et votre digestion.

b. Reste tranquille, il faut que tu ailles mieux pour la compétition.

c. L'infirmier a reconnu les symptômes physiques.

d. Il me conseille la meilleure pharmacie de la ville.

e. Le pharmacien a dit deux cuillères de sirop, pas toute la bouteille !

f. La chirurgienne travaille avec concentration et application sur l'orteil du patient.

Phonie-graphie (piste 33)

a. l'œil

b. les yeux

c. le travail

d. la relaxation

e. la bouille

f. l'anxiété

g. le conseil

h. la cheville

Compréhension orale Madame Laurencin ne se sent pas bien (piste 34)

Mme Laurencin : Bonjour !

Le pharmacien : Bonjour madame Laurencin ! Ohlala… Vous avez mauvaise mine aujourd'hui.

Mme Laurencin : Oui, j'ai beaucoup de fièvre. J'ai la grippe. J'ai besoin d'antibiotiques. Voici mon ordonnance.

Le pharmacien : Il faut prendre un comprimé à chaque repas. Je vous conseille de boire beaucoup d'eau.

Mme Laurencin : Excusez-moi…

Le pharmacien : À vos souhaits !

Mme Laurencin : J'ai oublié de dire à mon médecin que j'avais mal à la gorge. Vous avez un médicament à me conseiller ?

Le pharmacien : Oui, une médecine douce. Il faut que vous preniez le temps de manger du miel.

Mme Laurencin : Merci !

Le pharmacien : Et pour votre toux, il est nécessaire que vous avaliez ce sirop.

Mme Laurencin : Merci pour vos bons conseils !

Le pharmacien : Avec plaisir ! Un dernier conseil : il est important que vous vous reposiez et que vous vous relaxiez.

Mme Laurencin : D'accord, je vais suivre vos conseils ! Au revoir !

Le pharmacien : Au revoir madame Laurencin.

---

unité 6

Page 53

Grammaire Le pronom *en*

Activité 3 (piste 35)

a. Allô, je suis au supermarché. J'ai oublié la liste de courses. Tu peux m'aider ? Est-ce qu'il faut des pâtes ?

b. Et des œufs ? Il en faut combien ?

c. Est-ce qu'il y a des bouteilles d'eau ?

d. Est-ce que j'achète du chocolat ?

e. Est-ce que je prends du pain ?

f. Et des oranges ? Il en reste ?

Page 55

Vocabulaire **Les aliments**

Activité 1 (piste 36)

Femme : Je vais faire des courses. On a besoin de quoi ?

Homme : J'ai envie d'une soupe de légumes ce soir. Achète des pommes de terre, des poireaux, des carottes. Il y a encore des courgettes.

Femme : D'accord. Il faut aussi des oignons pour la soupe, non ?

Homme : Ah oui, tu as raison.

Femme : Au fait, Nathalie et Guillaume viennent déjeuner dimanche midi. Qu'est-ce qu'on leur prépare ?

Homme : On peut faire une blanquette de veau avec du riz. Qu'est-ce que tu en penses ?

Femme : Très bonne idée !

Homme : Il faut des carottes, des champignons et bien sûr la viande. Et prends une salade aussi s'il te plaît.

Femme : Et pour le dessert, on fait quoi ? Une tarte aux fraises ? Ou une salade de fruits ?

Homme : Pourquoi pas une salade de fruits, c'est plus léger. Achète des pommes, des poires, des fraises et des oranges. Il nous reste du melon.

Femme : J'espère que je ne vais rien oublier. J'y vais ! À tout à l'heure !

Page 58

Grammaire **L'adverbe en -ment**

Activité 1 (piste 37)

a. absolu

b. agréable

c. certain

d. difficile

e. triste

f. général

Page 58-59

Communication

Pour se renseigner sur le menu (piste 38)

– Bonjour, vous désirez ?

– Bonjour, je vais prendre la formule plat et dessert. Qu'est-ce qu'il y a en plat du jour ?

– Des moules-frites ou un tournedos Rossini.

– Alors, je vais prendre le tournedos Rossini.

– Très bien et la cuisson ? Saignante, à point ?

– Bleue, s'il vous plaît. C'est possible d'avoir des légumes en accompagnement ?

– Oui. Bien sûr. Et comme dessert ?

– Une mousse au chocolat.

– Excellent choix ! Je vous apporte tout ça.

Page 59

Phonétique **Les prononciations de six et de dix**

Activité 1 (piste 39)

a. C'est le six et le dix

b. Six secondes

c. À six heures

d. Mille six

e. Trois mille dix

f. Dans dix ans

g. Soixante-dix-huit

h. Dix minutes

i. Dix, rue de Paris

Activité 2 (piste 40)

a. J'achète dix tomates.

b. Je prends dix aubergines.

c. J'achète six pommes.

d. J'ai six abricots.

e. J'achète dix asperges.

f. Je choisis six poivrons.

g. Je prends dix ananas.

Phonie-graphie **(piste 41)**

a. Cela coûte six euros.

b. Cela coûte six dollars.

c. Il a dix appartements.

d. Il a dix maisons.

e. J'en veux six.

f. J'en veux six kilos.

g. J'en prends dix.

h. Je prends dix litres d'eau.

i. Ils sont dix.

j. Ils ont dix amis.

k. Ils sont dix personnes.

---

unité 7

page 65

Vocabulaire **La personnalité**

Activité 4 (piste 42)

Nathan a mauvais caractère. Il s'énerve vite et il est toujours de mauvaise humeur. C'est un garçon pessimiste. Marion, sa sœur, est son contraire !

page 67

Vocabulaire **Les émotions**

Activité 4 (piste 43)

1. Toi ? Ici ? Quelle surprise !

2. Je ne sais pas quoi faire. Je m'ennuie.

3. Il m'énerve avec ses remarques !

4. Ouf ! Je me sens mieux.

5. J'ai peur qu'on annule son concert.

6. Je suis déçue par mes résultats.

7. C'est un garçon admirable ! Ses parents peuvent être fiers de lui !

8. Ça me gêne de lui demander ce service.

page 69

Phonétique **Prononcer tout, toute, tous et toutes**

Activité 1 (piste 44)

a. Tu me racontes toute la fête ?

b. Tout le monde est venu ?

c. Tout était bien ?

d. Vous y êtes allées toutes les deux ?

e. Tu as parlé à tous ses amis ?

f. Je vais tout dire, mais je dois partir, à tout à l'heure !

Activité 2 (piste 45)

a. J'aime tous les défauts de Patrick.

b. Toute sa famille est adorable.

c. Toutes les photos de cette exposition sont fantastiques.

d. Tu as tout à fait raison : il a mauvais caractère !

e. Tout le monde était là pour son anniversaire.

f. Tous ces portraits se ressemblent.

Phonie-graphie **(piste 46)**

Dans sa famille, tout le monde se ressemble. Toutes les personnes ont mauvais caractère. Elles sont de mauvaise humeur tous les matins ! Elles sont ennuyeuses toute la journée. Elles sourient et, tout à coup, elles sont tristes ! Et ça recommence tous les jours… Quelle vie !

Page 70

Compréhension orale **Interview : La Boîte à questions (piste 47)**

Journaliste : Bonjour ! Merci d'accepter de vous prêter à notre jeu traditionnel de la Boîte à questions.

Invité : Avec plaisir ! Je suis heureux d'être avec vous aujourd'hui.

Journaliste : Alors, salé ou sucré ?

Invité : Le premier ! Salé ! Je ne mange jamais de desserts. J'adore manger un bout de fromage à la fin du repas.

Journaliste : Avec ou sans cravate ?

Invité : Les deux, mais un truc qui est sûr : costume chemise sans cravate, je trouve ça démodé.

Journaliste : Chocolat blanc, noir ou au lait ?

Invité : Noir bien sûr, c'est le vrai chocolat selon moi !

Journaliste : Chien ou chat ?

Invité : Chien ! Moi j'en ai… j'en ai deux maintenant. J'ai Miss qui a trois ans. Elle

est très intelligente et il y a une semaine, j'ai pris une nouvelle chienne qui s'appelle Mimosa. Elle est adorable et je suis soulagé qu'elle s'entende bien avec Miss.
Journaliste : Paris ou New York ?
Invité : Ah ! Cette question, elle est vraiment très difficile. Pour moi, ce sont les plus belles villes du monde. J'ai du mal à choisir. J'aime bien être entre les deux.

unité 8

page 74
Grammaire La cause et la conséquence
Activité 4 (piste 48)
Présentateur : Ils ont choisi de vivre sans télé. Pourquoi ? Voici les témoignages que nous avons pu recueillir sur la boîte vocale de notre émission « D'hier à demain ».
Pascal : Bonjour ! Pascal de Paris. Pourquoi vivre sans télé ? Tout simplement parce que j'ai internet et ça me suffit largement.
Alexandra : Bonjour ! Moi, c'est Alexandra, mère de famille, Bordeaux. Pour répondre à votre question, eh bien, comme il y a des choses plus importantes à faire dans la vie, moi et mon mari, nous avons décidé de vivre sans télé.
Pauline : Bonjour ! Je m'appelle Pauline. Je suis de Lille. Vous savez, pour moi, la plupart des informations sont négatives. C'est pour ça que je préfère écouter la radio. Au moins, il n'y a pas d'images.
Sonia : Bonjour ! Sonia de Toulouse. Je viens de finir mes études et je suis passionnée par les langues. J'ai donc oublié le petit écran pour profiter de ma passion.
Bertrand : Bonjour ! Je m'appelle Bertrand, je suis médecin. Je n'ai pas de télé à cause de mon emploi du temps très chargé. Je fais en quelque sorte une diète médiatique.
Marie : Bonjour ! Marie de Rennes. Je trouve qu'il y a trop de publicités et ça m'énerve. Grâce à la vidéo à la demande, je regarde des vidéos de mon choix sans pub.

page 78
Grammaire L'impératif et les pronoms
Activité 2 (piste 49)
a. Il faut acheter ce DVD. *[pause]* Achetez-le !

b. Il ne faut pas lui téléphoner. *[pause]* Ne lui téléphonez pas !
c. Il faut regarder le dernier épisode. *[pause]* Regardez-le !
d. Il ne faut pas acheter le programme télé. *[pause]* Ne l'achetez pas !
e. Il faut lire la presse francophone. *[pause]* Lisez-la !
f. Il faut réfléchir à la réponse. *[pause]* Réfléchissez-y !
g. Il ne faut pas me parler de cette série. *[pause]* Ne m'en parlez pas !

page 79
Phonétique L'impératif : prononcer le *s* ajouté avec *en* et *y*
Activité 1 (piste 50)
a. Réfléchis à ma proposition ; songes-y !
b. J'aime ta revue : publies-y mes photos s'il te plaît.
c. Je n'aime pas cette chaîne. Changes-en.
d. C'est un site de vidéos, regardes-y des films français.
e. Voilà ma clé USB, enregistres-y toute la musique.
f. Tu préfères les documentaires ? Discutes-en avec tes amis !
g. J'ai envie de regarder une série, trouves-en une drôle.

Activité 2 (piste 51)
a. Va au parc ! *[pause]* Vas-y !
b. Reste devant le cinéma ! *[pause]* Restes-y !
c. Pense à écrire ton article ! *[pause]* Penses-y !
d. Joue à ce jeu vidéo ! *[pause]* Joues-y !
e. Profite de tes vacances ! *[pause]* Profites-en !
f. Parle de ton reportage ! *[pause]* Parles-en !
g. Écoute des émissions francophones ! *[pause]* Écoutes-en !

Phonie-graphie (piste 52)
a. Il te reste du gâteau ? Donnes-en à Tom s'il te plaît.
b. La directrice t'attend dans son bureau, va la voir.
c. Une nouvelle rubrique pourrait être une bonne idée, penses-y.
d. Les films sont plus chers ici. N'en achète pas.
e. Tu sais parler croate ? Parle-le s'il te plaît !
f. Garde-moi une place au cinéma ce soir !

unité 9

page 83
Grammaire Le conditionnel présent (1)
Activité 1 (piste 53)
a. Vous devriez vous mettre d'accord.
b. Pourrais-tu me donner des conseils ?
c. Il faudra attendre.
d. Pourriez-vous m'expliquer comment utiliser votre bateau ?
e. Vous me ferez une réduction ?
f. Elle aimerait bien acheter une voiture d'occasion.
g. J'espère que vous pourrez m'aider.

page 86
Grammaire Le gérondif
Activité 3 (piste 54)
a. Pouvez-vous discuter avec un passager et conduire une voiture ? *[pause]* Oui, je peux discuter avec un passager en conduisant une voiture. / Non, je ne peux pas discuter avec un passager en conduisant une voiture.
b. Pouvez-vous répondre au téléphone et faire la cuisine ? *[pause]* Oui, je peux répondre au téléphone en faisant la cuisine. / Non, je ne peux pas répondre au téléphone en faisant la cuisine.
c. Pouvez-vous discuter et écrire un message ? *[pause]* Oui, je peux discuter en écrivant un message. / Non, je ne peux pas discuter en écrivant un message.
d. Pouvez-vous écouter un livre audio et bricoler ? *[pause]* Oui, je peux écouter un livre audio en bricolant. / Non, je ne peux pas écouter un livre audio en bricolant.
e. Pouvez-vous regarder un film et lire les sous-titres ? *[pause]* Oui, je peux regarder un film en lisant les sous-titres. / Non, je ne peux pas regarder un film en lisant les sous-titres.

page 89
Phonétique L'accent d'insistance
Activité 1 (piste 55)
a. C'est payant !
b. C'est trop cher ?
c. Ce jean est déchiré !
d. C'est taché !
e. C'est économique ?
f. C'est vraiment gratuit !
g. C'est cassé ?

page 90

Phonétique L'accent d'insistance

Activité 2 (piste 56)
a. C'est incroyable !
b. Il est impossible !
c. Elle est mal élevée !
d. C'est une excellente idée !
e. Il est exceptionnel !
f. Elle est adorable !

Activité 3 (piste 57)
a. Il vend son vélo 50 euros. *[pause]* C'est donné !
b. Je te rends ton DVD. *[pause]* Il est abîmé !
c. C'est compliqué d'organiser un troc ? *[pause]* Non, c'est simple !
d. Il va pleuvoir le jour de la brocante. *[pause]* C'est dommage !
e. Voici ma nouvelle bicyclette. *[pause]* Elle est très belle !
f. J'ai réparé notre vieil aspirateur ! *[pause]* C'est impossible !

Compréhension orale

Start-up française (piste 58)
Journaliste : Bonjour Laure Wagner !
Laure Wagner : Bonjour !
Journaliste : BlaBlaCar, une startup française spécialisée dans le covoiturage. Entreprise qui grossit, qui grossit, plus de 20 millions d'utilisateurs dans 19 pays. Vous êtes leader européen du secteur. Vous êtes présents aussi en Inde ou encore au Mexique. Alors, ce sont les grandes vacances en ce moment en France, est-ce une période propice à l'utilisation du covoiturage ?
Laure Wagner : Oui, complètement, on est en période de pic, puisque le covoiturage est devenu un moyen de transport très pratique pour partir en week-end et en vacances. La moyenne des trajets qu'on permet de partager est de 330 kilomètres. On n'est pas sur les petits trajets du quotidien pour covoiturer avec des collègues et donc forcément, quand il y a plus de trajets de départ en vacances et les week-ends, eh bien, il y a plus de covoiturage aussi.
Journaliste : Je précise, donc, que BlaBlaCar met en relation des passagers et des conducteurs qui voyagent avec des places libres, c'est ça, dans leurs voitures ? Le coût est partagé. Est-ce que vous constatez un changement dans le profil des utilisateurs ?
Laure Wagner : Oui, c'est vrai que quand on a lancé BlaBlaCar il y a quelques

années, nos premiers membres étaient surtout des étudiants. Aujourd'hui l'âge moyen des nouveaux inscrits qui nous rejoignent, qu'on arrive à sensibiliser, ont 34 ans en moyenne. Ça veut dire que, il y a autant de quadras et de quinquas qui s'inscrivent que d'étudiants. Aujourd'hui, les étudiants ne représentent plus que 30 % de nos membres.
RFI, *L'invité du matin*, 8 août 2015

page 92

Préparation au DELF A2

Compréhension de l'oral (piste 59)
Le coworking ou travail collaboratif devient-il à la mode ? En tout cas, cette nouvelle façon de travailler fait son chemin en France.
Dans le centre de Nanterre, l'entreprise Jokkolabs a ouvert au mois d'avril un espace de travail basé sur l'échange et le partage. Elle y propose différentes formules de location de bureaux avec des services communs : imprimante, scanner, salles de réunion, cafétéria… L'intérêt est de bénéficier d'une infrastructure à des prix intéressants : 190 € pour dix jours et 250 € par mois. Jokkolabs Nanterre est un lieu ouvert à tous. Informaticiens, graphistes, architectes web viennent ici pour développer leur réseau, rencontrer de nouveaux collaborateurs, échanger sur leurs pratiques et réaliser leurs projets. Pour la petite histoire, Jokkolabs est un projet international qui a vu le jour au Sénégal en 2010. Son créateur s'appelle Karim Sy et « jokko » signifie « partage » dans sa langue maternelle, le wolof.

unité 10

page 93

Grammaire Le passé composé et l'imparfait dans le récit
Activité 3 (piste 60)
Je suis allé en Suisse pendant les vacances. Je suis resté un jour à Genève, où j'ai visité le Palais des Nations. Ensuite, je suis allé à Lausanne voir Émilie, une amie, qui y étudiait. Il faisait beau et chaud, je me promenais au bord du lac tous les matins. L'après-midi, je lisais et je prenais des photos. C'était très agréable. J'ai bien aimé ce séjour en Suisse.

page 95

Vocabulaire Le voyage
Activité 2 (piste 61)
1. Le moment que je déteste, c'est le départ, quand l'avion quitte le sol. Ça m'angoisse.
2. Moi, je voyage en Europe, parce qu'on a tous la même monnaie, et c'est très pratique. On n'a pas besoin d'aller à la banque tous les jours.
3. Nous prenons seulement le petit déjeuner et le dîner à l'hôtel. Le midi, nous sommes libres d'aller où nous voulons.
4. J'ai toujours des problèmes avec l'argent pour les vacances. Je me fixe une limite et je dépense toujours plus d'argent que prévu.
5. Quand on aime avoir un vrai contact avec le pays qu'on visite, quand on veut savoir comment vivent les habitants du pays, c'est la formule à choisir.
6. Je mets beaucoup de temps à choisir où je vais partir. J'ai trop d'idées de voyage !

page 96

Grammaire L'accord du participe passé
Activité 3 (piste 62)
a. Tu as pris la réservation ?
b. Tu as fait ta valise ?
c. Tu as mis tes chaussures de randonnée ?
d. Tu as écrit le numéro de vol ?
e. Tu as photocopié nos cartes d'identité ?

page 99

Phonétique Prononcer e, é, è
Activité 1 (piste 63)
a. Je changeais de budget.
b. Les passagers découvrent la cabine.
c. Elle a réservé pour juillet.
d. J'achète mon billet de train.
e. Au contrôle, il présente son passeport.
f. Ce musée propose des tarifs étudiants.

Activité 2 (piste 64)
a. J'aime Rennes et la Bretagne au mois de mai.
b. C'est l'office de tourisme d'Île-de-France.
c. Nos guichets sont ouverts sans interruption.
d. Vous avez fait la queue pour voir la reine.
e. Mon objectif est d'arriver à l'auberge de jeunesse avant toi.

Phonie-graphie

Activité 1 (piste 65)
a. Mes amis guadeloupéens ont aimé la ville médiévale.
b. Le musée a changé.

c. Ils ont visité la cathédrale le jour de leur arrivée.

Activité 2 (piste 66)
a. Il y a beaucoup de passagères dans la croisière.
b. Sa mère et son frère se lèvent tôt pour acheter un billet.
c. Il achète une semaine en pension complète.

unité 11

page 105
Vocabulaire **Les études**
Activité 3 (piste 67)
1. Bonjour, je suis professeur en troisième année d'histoire. J'ai actuellement 25 étudiants qui préparent un doctorat.
2. Bonjour, je suis élève en troisième au collège Jacques Prévert. J'adore les maths et les sciences.
3. Salut, je m'appelle Mathias, je suis étudiant en économie. Demain, je passe mes derniers examens pour terminer ma licence.
4. Bonjour, cela fait cinq ans que j'enseigne. Mes élèves sont en CM2, ils ont 11 ans.

page 106
Grammaire **Le discours rapporté**
Activité 3 (piste 68)
a. Bonjour, j'ai besoin de renseignements sur la formation.
b. Quelle est la durée de la formation ?
c. Messieurs, est-ce que vous voulez vous inscrire au cours de chinois ?
d. Quand commence le stage ?
e. Où se trouve le bureau des relations internationales ?
f. Qu'est-ce qu'il faut faire pour être ingénieur ?

page 108
Vocabulaire **Le monde professionnel**
Activité 3 (piste 69)
Présentation A
Je m'appelle Grégoire. J'ai 30 ans. J'ai eu un bac L en 2012. Je viens de finir mes études de commerce. J'ai obtenu un master en marketing. Aujourd'hui, je me perfectionne en langues étrangères car je ne maîtrise pas bien l'anglais et l'espagnol.
Présentation B
Je m'appelle Grégoire. J'ai 30 ans. J'ai eu un bac S en 2010. J'étudie l'informatique. Je maîtrise le Pack Office et les outils informatiques actuels. Je passe mon master cette année. Je dois aussi faire un stage. Je me passionne pour les langues étrangères, je parle espagnol, portugais et anglais.
Présentation C
Je m'appelle Grégoire. J'ai 30 ans. J'ai eu un bac L en 2010. Je viens de finir mes études de droit. J'ai obtenu un master en droit international. Après mon stage, j'ai été engagé comme assistant juridique dans un cabinet d'avocats. J'adore mon métier et je me perfectionne en langues étrangères pour faire du droit international : je parle espagnol, portugais et anglais.

page 109
Phonétique **La dénasalisation**
Activité 1 (piste 70)
a. le patron / la patronne
b. le médecin / la médecine
c. italienne / italienne
d. le temps / le temps
e. il vient / ils viennent
f. il démissionne / ils démissionnent
g. le mien / la mienne

page 110
Phonétique **La dénasalisation**
Activité 2 (piste 71)
a. Il revient et il se souvient. [pause] Ils reviennent et ils se souviennent.
b. Il apprend et il obtient. [pause] Ils apprennent et ils obtiennent.
c. Elle comprend et elle soutient. [pause] Elles comprennent et elles soutiennent.
d. Elle vient et elle prend. [pause] Elles viennent et elles prennent.

Activité 3 (piste 72)
a. C'est un ancien électricien. [pause] C'est une ancienne électricienne.
b. C'est un bon lycéen. [pause] C'est une bonne lycéenne.
c. C'est un collégien tunisien. [pause] C'est une collégienne tunisienne.
d. C'est un patron humain. [pause] C'est une patronne humaine.

Activité 4 (piste 73)
a. Ils apprennent les droits humains ou les sciences humaines ?
b. Fabienne apprend sa leçon.
c. Simon et Simone ne comprennent rien.
d. Gaston, mon patron, démissionne, il n'est pas bon dans sa profession.

e. Il fait des dessins en réunion, son attitude n'est pas professionnelle.
f. Dans son bureau, le téléphone sonne et personne ne répond.

Compréhension orale
Apprendre autrement (piste 74)
Journaliste : Ce matin, nous sommes allés interroger des personnes qui ont suivi des MOOC, des *Massive Open Online Courses*, en français : des *Cours en ligne ouverts à tous*. Ils nous donnent leurs avis.
Bonjour, alors que pensez-vous du MOOC que vous avez suivi ?
Homme 1 : Il était très intéressant mais je préfère les cours traditionnels en amphi et avec de vrais profs.
Femme 1 : Grâce au MOOC, j'ai pu suivre un cours de l'université d'Harvard. Je ne pensais pas avoir accès gratuitement à une université aussi prestigieuse.
Homme 2 : Pas facile à suivre, je n'ai pas l'habitude de ce genre d'enseignement.
Femme 2 : Je n'ai pas aimé du tout cette expérience, la majorité des vidéos et questionnaires étaient, à mon avis, très ennuyeuse.
Homme 3 : La semaine dernière, j'ai parlé avec des étudiants et professeurs en Espagne et aux États-Unis. C'est très enrichissant de pouvoir échanger nos visions, nos connaissances, nos expériences.
Femme 3 : J'ai dû abandonner car c'était trop difficile. Il faut avoir de bonnes connaissances initiales pour suivre le cours. Je réessayerai.

Page 112
Préparation au DELF A2
Compréhension de l'oral (piste 75)
Bonjour, Antoine Châtaigner, assistant de madame Pauline Poirier, directrice de Poirach, bureau d'étude d'architectes. Madame Poirier a bien reçu votre lettre de motivation et votre curriculum vitae. Elle souhaite vous rencontrer vendredi prochain, 4 avril, à 15 heures. Merci de me contacter au 03 45 26 12 09 pour confirmer le rendez-vous. Je vous demande également de bien vouloir m'envoyer au plus vite l'attestation de travail de votre dernier emploi et vos copies de diplômes, mon adresse est : achataigner@ymail.com.

Page 114

Vocabulaire L'environnement
Activité 2 (piste 76)
a. Les gaz à effet de serre sont un problème pour l'environnement.
b. Dans les parcs nationaux, vous devez garder vos animaux domestiques en laisse pour protéger les animaux sauvages.
c. Dans une réserve naturelle, il est interdit de jeter des mégots de cigarette.
d. Pour préserver le littoral, nous devons jeter nos déchets dans des poubelles.
e. Il faut laisser pousser les fleurs et les plantes dans leur milieu naturel.

Page 115

Grammaire
La forme passive
Activité 1 (piste 77)
a. Je m'engage chez Reforest'Action qui respecte l'environnement.
b. J'ai été employé par cette entreprise pour protéger les forêts.
c. Reforest'Action plante des arbres.
d. Les forêts sont préservées par Reforest'Action.
e. Le parc naturel a été détruit par une tempête.

Page 119

Phonétique
Les sons [R], [l] et [g]
Activité 1 (piste 78)
a. gros
b. règle
c. grand
d. graine
e. glisser
f. aigle
g. tigre

Activité 2 (piste 79)
a. Regardons la forêt en silence.
b. J'ai revu les photographies du désert.
c. Le logo de l'ONG est un tigre gris.
d. Les gorilles ont peur de la ville.
e. Le goéland ne vole pas très haut.

Phonie-graphie (piste 80)
a. Pour respecter la nature, il faut être rigoureux.
b. Comment limiter les gaz à effet de serre ?
c. La plage est sale, il y a des mégots de cigarette et des emballages.
d. Luttons contre la dégradation et la pollution.
e. Est-ce que mon slogan te plaît ?
f. Quelles espèces terrestres sont en voie de disparition ?

CORRIGÉS

unité 1

page 3

Grammaire Activité 1

a. est – **b.** avons – **c.** ai – **d.** êtes – **e.** ont – **f.** sommes – **g.** est

Activité 2
À l'horizontale
a. reçu – **b.** devenu – **c.** né — **d.** pris – **e.** mort – **f.** fait
À la verticale
1. tenu – **2.** vécu – **3.** ouvert – **4.** inscrit

page 4
Activité 3
a. née – **b.** intéressés – **c.** vécu – **d.** devenues – **e.** reçu – **f.** adoré

Activité 4
est née – se sont installés – ont vécu – a déménagé – a vécu – a adoré – s'est inscrite – s'est mariée

page 4

Vocabulaire Activité 1
a. se marie – **b.** théâtre – **c.** en couple – **d.** ses débuts – **e.** passionnés – **f.** amatrice

page 5
Activité 2

F	O	O	T	B	A	L	L	A	P
D	O	F	R	U	E	T	A	M	A
S	P	O	R	T	T	I	N	A	S
T	A	E	T	H	H	D	S	T	S
O	S	U	H	B	E	L	S	I	I
R	S	Q	C	H	A	N	T	O	O
N	U	I	Q	U	T	L	A	N	N
A	I	S	A	Q	R	A	L	L	S
H	N	U	T	I	E	S	N	A	D
C	O	M	E	D	I	E	D	A	N

Activité 3
Proposition de corrigé :
Bonjour,
J'ai déménagé à (+ ville). J'habite près de la Tour Eiffel. Je suis installé(e) dans un appartement. Je ne suis plus célibataire ! J'ai rencontré (+ prénom) et nous nous sommes mariés !

Nous avons deux enfants, Noé et Lia. J'ai débuté une nouvelle carrière dans le théâtre. J'ai réussi et je suis maintenant un professionnel. Je pratique toujours la danse.

page 6

Grammaire Activité 1
Forme affirmative : **a.** – **c.** – **e.** – **f.**
Forme affirmative : **b.** – **d.**

Activité 2
a. On ne se retrouve jamais au théâtre le dimanche.
b. Elle n'a jamais vu Mika en concert à Paris.
c. On n'a plus de temps pour aller visiter l'expo à Beaubourg.
d. Nous ne regardons jamais des comédies françaises à la télévision.

Activité 3
a. Elle ne veut pas aller au Salon des sports.
b. Baptiste n'a rien proposé à Ninon.
c. Nous n'avons vu personne au concert.
d. Lucie n'est plus libre mardi pour un ciné.
e. Je ne suis jamais allée au musée.

page 7

Vocabulaire Activité 1
a. Ce sport s'appelle le jeu de boules ou la pétanque.
b. J'ai fait du canoë-kayak sur la Durance dans les Alpes.
1. Pour pratiquer ce sport, je suis monté à cheval. J'ai fait de l'équitation.
2. Pour monter en haut du Mont-Blanc, j'ai fait de l'escalade.
3. J'ai pratiqué la gym pour bouger toutes les parties du corps.

page 8
Activité 2
Activité 1 : la peinture – Activité 2 : la sculpture – Activité 3 : le judo

Grammaire Activité 1
a. il y a – **b.** depuis – **c.** Il y a/pendant – **d.** depuis – **e.** Il y a

page 9
Activité 2
a. 4. – **b. 2.** – **c. 5.** – **d. 3.** – **e. 1.**

Communication
Proposition de corrigé :
Vous : Moi aussi, je suis très content(e) de te retrouver. J'ai vécu avec mes parents en (+ ville) pendant 15 ans ! Maintenant, je suis en (+ ville). Je suis installé(e) à (+ ville) avec ma famille.
Vous : Moi, je suis marié(e) avec (+ prénom) et nous avons trois enfants ! Nous voyageons beaucoup à cause de mon travail. Je suis devenu(e) un(e) comédien(ne) professionnel(le) !
Vous : J'aime aussi jouer aux cartes. Ma passion, c'est la lecture !
Vous : Ça marche ! On se retrouve dimanche à midi devant la Tour Eiffel.

page 10

Phonétique Activité 1
a. au Salon des sports : [s] – **b.** au musée de la musique : [z] – **c.** la compétition non-stop : [s] – **d.** désolée, pas de visite : [z] – **e.** la naissance de la danse : [s] – **f.** quelque chose d'amusant : [z]

Activité 2
a. [z]/[s] – **b.** [s]/[z] – **c.** [s]/[z] – **d.** [z]/[s] – **e.** [s]/[z] – **f.** [s]/[z]

Phonie-graphie
a. J'ai reçu une invitation au Festival de Cannes.
b. J'ai visité le zoo de Beauval.
c. J'ai fait connaissance avec un musicien de jazz.
d. J'ai rencontré par hasard une joueuse de trompette.
e. J'ai dansé avec un acteur de cinéma.
f. J'ai vu une pièce de théâtre jouée par des amatrices.

page 11

Compréhension orale
1 à Paris – **2** Fabrice Luchini n'a jamais aimé l'école. – **3** À 13 ans, Fabrice Luchini est un apprenti coiffeur. – **4** le cinéma – **5** le théâtre et le cinéma – **6** en 1990 – **7a.** avoir du succès – **7b.** apprendre le métier de coiffeur – **7c.** jouer un rôle dans un film

page 12

page 12

Production orale Jeux de rôle

Proposition de corrigé :

A. – Quel est (le genre de) l'événement ?
Est-ce que c'est un concert ? un festival ?
A. – À quel moment a lieu le festival ?
A. – Qu'est-ce que le groupe de musique
à l'honneur a de particulier/spécial ?
A. – Quel est le programme de musique
du monde ?
A. – Qu'est-ce qu'il y a comme cours (en
plus des cours de guitare) ?
A. – Que doit-on/Qu'est-ce qu'on doit
réserver avant le 30 juillet ?
A. – À quel mois de l'année le rendez-
vous a lieu ?
A. – À partir de quelle heure est le
rendez-vous ?

B. – C'est un festival de quoi ?
B. – Qui peut y participer/venir ?
B. – Qu'est-ce qu'il y a comme cours (en
plus des cours de piano) ?
B. – Qu'est-ce qui se passe tous les
soirs ?
B. – Avant quelle date on peut réserver
le billet « 4 jours » ?
B. – Quelle est la date du rendez-vous ?

Préparation au DELF A2

Production orale
Production libre

unité 2

page 13

Grammaire Activité 1
a. – c. – f.

Activité 2
a. 3. – b. 5. – c. 6. – d. 2. – e. 4. – f. 1.

page 13-14
Activité 3
a. Tous les matins, ma sœur se parfumait.
b. Je faisais de la gymnastique tous les
jours.
c. Chaque semaine, Mathieu et Julie
buvaient un chocolat au café du village.
d. Tu aimais les dîners de famille.
e. Vous voyagiez souvent pendant les
vacances scolaires.

page 14
Activité 4
étais – vivais – mangions – jouions –
buvait – était

Activité 5
1. phrase c. – 2. phrase b. – 3. phrase
d. – 4. phrase a. – 5. phrase e.

Vocabulaire Activité 1
1. heureux – 2. horrible – 3. drôle – 4. triste

page 15
Activité 2
+ : Souvenir 1 – Souvenir 3 – Souvenir 4
– : Souvenir 2 – Souvenir 5

Activité 3
a. 5. – b. 4. – c. 1. – d. 2. – e. 3.

Grammaire Activité 1
a. y – b. en – c. y – d. y – e. en – f. y

pages 15-16
Activité 2
a. Nous en partons demain.
b. Pour y aller, nous prenons le bateau.
c. J'en reviens dans deux jours.
d. Les touristes y viennent pour voir le
château.
e. Nous y sommes partis tous les deux
en vacances.

page 16
Activité 3
a. 4. – b. 5. – c. 3. – d. 1. – e. 2.

Activité 4
a. Oui, j'en reviens. – b. Non, je n'y suis
pas allé. – c. Oui, nous allons en partir.
– d. Oui, j'y suis allé(e) pendant les
vacances. – e. Non, nous n'en sommes
pas revenus. – f. Non, nous n'y sommes
pas allés aujourd'hui.

page 17
Vocabulaire Activité 1
a. vent – b. pluie – c. chaleur – d. orage
– e. tempête – f. soleil

Activité 2
Mardi : pluie, éclairs, nuages – Mercredi :
nuages, vent – Jeudi : nuages, neige –
Vendredi : soleil

page 18
Grammaire
Une petite pensée du Mont-Blanc. Un
lieu incontournable de notre super
séjour ! Après une pause dans un bon
restaurant, nous repartons sur les pistes
de ski. Nous avons fait la connaissance
de touristes chinois et américains. Beau
temps aujourd'hui.

Communication
Proposition de corrigé :
Bonjour classe64 !
*Je me rappelle de toi Seb64. Nous allions
toujours boire un chocolat chaud chez
ta grand-mère, après l'école ! Dans
sa maison, ça sentait bon… ! Et nous
jouions aux cartes pendant des heures !
Je me souviens de ce moment inoubliable
avec toi, nos amis et ta famille.*

page 19

Phonétique Activité 1
Pas de son [n] : a. – c. – f.
Une fois : b. – d.
Deux fois : e. – g.

Activité 2
a. Elle en sort ou elle en est sortie ?
b. Tu en viens ou tu en es venu ?
c. Tu en décolles ou tu n'en as pas
décollé ?
d. Elle en revient ou elle en est venue ?
e. Il en arrive ou il n'en est pas sorti ?
f. Tu en es venu ou tu n'en es pas venu ?
g. Tu en arrives ou tu n'en arrives pas ?

Activité 3
a. Paul en est parti. Il en part.
b. Il en est revenu. Il en revient.
c. Tu en es sorti. Tu en sors.
d. Tu en pars. Tu en es parti.
e. J'en arrive. J'en suis revenu.
f. Il en repart. Il en est reparti.
g. Elle en est descendue. Elle en descend.

page 20

Compréhension écrite
1 auteur de récits de voyage
2 ses aventures dans les Pyrénées
3 de la vue sur la montagne enneigée/de
l'odeur des fleurs sauvages
4 bons souvenirs
5 beaucoup de brouillard/très froid/gel
6 Il est nostalgique de ces moments.
7 les Pyrénées/les prairies/le chalet/
enneigé/le sommet/le lac

page 21

Production écrite
Proposition de corrigé :
S… comme saveur
*Je me souviens du goût du gâteau aux
yaourts de ma mère. Il était très bon ! Nous
en mangions tous les dimanches midi.*
B… comme bruit
*Je me rappelle le bruit de la pluie et de
l'orage dans la montagne. J'avais très
peur des éclairs !*
R… comme rencontre

Ma rencontre avec Jeanne est un très beau souvenir ! C'était l'été, il faisait chaud ! C'était super !

page 22

Détente Activité 1

a. 1. – **b.** 3. – **c.** 4. – **d.** 2.

Activité 2

À l'horizontale : éclair – arc-en-ciel/*À la verticale :* verglas – neige – canicule

unité 3

page 23

Grammaire Activité 1

a. que = les appartements – **b.** qui = des appartements – **c.** où = des immeubles – **d.** où = un quartier – **e.** qui = nos architectes – **f.** qui = les gens – **g.** que = Martin Dulac – **h.** qu' = l'appartement

Activité 2

a. 7. – **b.** 5. – **c.** 8. – **d.** 3. – **e.** 4. – **f.** 6. – **g.** 1. – **h.** 2.

page 24
Activité 3

a. qui est très confortable./que nous aimons beaucoup.
b. que tu vas voir demain./qui a deux pièces.
c. que tu m'as présenté à ton anniversaire./qui s'appelle Léo.
d. qui fait 12 m²./que j'aime beaucoup.
e. qu'elle peut aussi utiliser comme bureau/qui est grand et lumineux.
f. qui s'appellent Paul et Luc./que nous connaissons depuis longtemps.

Activité 4

a. J'habite avec d'autres étudiants que je ne connaissais pas avant et qui étudient des matières très différentes.
b. Nous sommes contents des cinq chambres qui sont petites mais agréables et où il y a un lit, une armoire et un bureau.
c. Nous avons deux salles de bains que nous partageons et qui ne sont pas très modernes !
d. J'aime étudier ou lire dans la cuisine où il y a une grande fenêtre et beaucoup de lumière et qui est plus calme que le salon.

page 25

Vocabulaire Activité 1

1. d. – **2.** b. – **3.** c. – **4.** a.

Activité 2

annonce/propriétaire/rez-de-chaussée/lumineux/calme/vue/loyer

Activité 3

1. c. – **2.** a. – **3.** b.

page 26

Grammaire Activité 1

a. moins de – **b.** aussi – **c.** plus – **d.** meilleurs – **e.** moins – **f.** autant d'

Activité 2

a. autant … qu' – **b.** moins … que – **c.** plus … que – **d.** moins … qu' – **e.** plus … qu' – **f.** aussi … que

page 27

Vocabulaire Activité 1

a. la vaisselle – **b.** le four – **c.** le lave-vaisselle – **d.** l'armoire

Activité 2

a. calme le soir/moderne/animé –
b. commerçant/populaire/animé –
c. touristique et chic/historique –
d. commerçant/animé

Activité 3

1. le métro – **2.** Le bus – **1.** et **2.** les transports en commun – **3.** le théâtre – **4.** la tour/le gratte-ciel – **5.** les espaces verts/le parc – **6.** la boutique – **7.** la zone piétonne

page 28

Grammaire Activité 1

la vôtre – La nôtre – la leur – le sien – les miennes

Activité 2

a. Non, ce n'est pas le sien.
b. Non, ce n'est pas le nôtre.
c. Non, ce ne sont pas les miennes.
d. Non, ce n'est pas la leur.
e. Non, ce n'est pas la sienne.
f. Non, ce n'est pas le vôtre.

Communication

Proposition de corrigé :
- Bonjour Thomas, c'est ton quartier ? C'est le mien aussi !
- J'habite rue du Château. Mon appartement est au bout de la rue, en face de la zone piétonne. Et toi ?
- Oui, je suis heureux d'habiter ici. C'est un quartier très agréable. Les logements sont modernes. Nous sommes au cœur de la ville et les transports en commun sont à deux pas d'ici. Il y a des

espaces verts et un grand parc. La zone piétonne est très vivante. Elle dispose de nombreuses boutiques.

page 29

Phonétique Activité 1

a. [ply] – **b.** [plyz] – **c.** [plys] – **d.** [plyz] – **e.** [ply] – **f.** [plys] – **g.** [ply]

Activité 2

A. a. Ma rue est plus animée. [plyz]
b. Mon quartier est plus calme. [ply]
c. Ma ville est plus intéressante. [plyz]
B. a. Tu construis plus. [plys] – **b.** Tu embellis plus. [plys] – **c.** Tu démolis plus [plys].

Phonie-graphie

a. [ply] – **b.** [plys] – **c.** [plys] – **d.** [plyz] – **e.** [ply] – **f.** [plyz]

page 30

Compréhension orale

1 des étudiants – **2** faux – **3.** ont accès à tous les services – **4** chaque étudiant a sa cuisine – **5** faux – **6** abordable – **7a.** le début de l'année universitaire – **7b.** préparer à manger – **7c.** un magasin d'alimentation

page 31

Production orale Jeux de rôle

Proposition de corrigé :
A – *Quel type de logement est à louer ?*
A – *Où est/se trouve le logement ?*
A – *Il est près de quoi ?*
A – *Il coûte combien par mois ?/Le loyer est de combien ?*
A – *Combien il y a de chambres ?*
A – *Comment est la terrasse ?*
A – *Où est le garage ?*

B – *L'appartement fait combien de mètres carrés ?/Quelle est la superficie de l'appartement ?*
B – *Comment est la cuisine ?/Est-ce que la cuisine est équipée ?*
B – *L'appartement est à quel étage ?*
B – *Qu'est-ce que la terrasse a ?*
B – *Quel est le chauffage ?*
B – *Qu'est-ce qui fait 10 m² ?*
B – *Qu'est-ce qui est à 2 minutes à pied ?*

page 32

Préparation au DELF A2

Compréhension des écrits
1. une annonce sur le web – **2.** sa personnalité – **3.** partager son appartement – **4.** grand et clair

unité 4

page 33

Grammaire Activité 1
a. – **c.** – **d.** – **e.**

Activité 2
a. 2. – **b.** 6. – **c.** 4. – **d.** 5. – **e.** 1. – **f.** 3.

Activité 3
b. pourrez – **d.** saura – **e.** verra – **f.** ira –
h. auras – **i.** pleuvra – **j.** faudra
pouvoir – savoir – voir – aller – avoir –
pleuvoir – falloir

page 34
Activité 4
a. seront – **b.** aurons – **c.** viendrez –
d. pourra – **e.** devras

Activité 5
Dans 10 ans, elle étudiera à l'université
des sciences. Dans 30 ans, elle inventera
un robot qui saura cuisiner. Dans 70 ans,
elle sera très dynamique. Elle parlera
avec un robot.

Vocabulaire Activité 1
a. l'appareil – **b.** la tablette –
c. l'évolution – **d.** la chercheuse

page 35
Activité 2
1. Situation d. – **2.** Situation a. –
3. Situation c. – **4.** Situation b.

Activité 3
a. performant – **b.** indispensable –
c. fonctionne/pratique – **d.** inutiles – **e.**
automatiques/robotisation

Grammaire Activité 1
Condition : **c.** – **d.** – **f.**
Certitude : **a.** – **b.** – **e.**

page 36
Activité 2
a. Si tu viens me voir à Toulouse, je
t'emmènerai visiter la ville.
b. Quand je prends le métro, je lis mon livre.
c. Quand on est avec des amis, on ne
regarde pas son smartphone.
d. Si mes meilleurs amis partent vivre à
la campagne, je partirai aussi.
e. Si tu prends ta tablette, tu peux
regarder des films dans le train.

Activité 3
a. Si j'oublie mon téléphone, je rentrerai
chez moi le chercher.

b. Quand je reçois un SMS, je lis tout de
suite le message.
c. Si je casse mon smartphone, j'irai
demain au magasin.
d. En réunion, si mes amis me
téléphonent, je réponds au téléphone.
e. Si mon collègue écoute de la musique
sur sa tablette, j'écouterai la chanson.

page 37

Vocabulaire Activité 1
Léon : Il utilise son ordinateur pour
naviguer sur internet ou lire ses mails. Il
n'a pas de smartphone.
Sandie : Elle lit ses mails sur son
téléphone./Elle va très souvent sur les
réseaux sociaux avec son téléphone.
Annie : Elle télécharge des livres, des
images et des vidéos sur son ordinateur.
Karim : Il lit ses mails sur son smartphone./
Il travaille sur son ordinateur portable.

Activité 2
**1. e. – 2. b. – 3. f. – 4. a. – 5. d. – 6.
g. – 7. c.**

Activité 3
mot de passe – reçois – boîte de
réception – pièce jointe – cliques – souris

page 38

Grammaire Activité 1
Les gens : **c.** – **e.**
Nous : **b.** – **f.**
Quelqu'un : **a.** – **d.**

Activité 2
b. On choisit un livre. – **c.** On fait des
recherches sur l'auteur du livre. – **d.** On
télécharge la vidéo.

Communication
Proposition de corrigé :
- *J'ai décidé de moins utiliser mon
téléphone quand je suis avec toi.*
- *Je pense à écouter moins de musique
quand je suis avec toi.*
- *C'est décidé, j'arrête de regarder des
films dans le train !*
- *J'ai pris la résolution de limiter
l'utilisation de mon smartphone et de
ma tablette pendant les vacances ! Je
recommencerai après les vacances !*

page 39

Phonétique Activité 1
[ã] est avant [ɔ̃] : **a.** – **c.** – **d.**
[ɔ̃] est avant [ã] : **b.** – **e.** – **f.**

Activité 2
a. Nous av[on]s besoin d'un cours
d'informatique avec un ingénieur.
b. D[an]s [on]ze [an]s, il y aura de
gr[an]ds ch[an]gem[en]ts d[an]s de
n[om]breux domaines.
c. Que p[en]s[on]s-nous de
l'automatisati[on] et de la robotisati[on] ?
d. Il est import[an]t et indisp[en]sable de
c[om]pr[en]dre le futur.
e. [On] [em]pêche souv[en]t le
développem[en]t et l'innovati[on].

Phonie-graphie
a. La mais[on] intelligente ch[an]gera notre
vie.
b. Minuit ci[nq] ! C'est le mom[en]t
d'[em]brasser tout le m[on]de.
c. L'[in]venteur pense à l'évoluti[on] et aux
ch[an]gem[en]ts [im]portants.
d. Le c[on]structeur se s[en]t tra[nq]uille.
e. N'ét[ein]s pas la télévisi[on], l'émissi[on]
m'[in]téresse.
f. [On] apprend à c[om]pter sur les doigts
de la m[ain].

page 40

Compréhension écrite
1 est présenté dans une seule gare
– **2** C'est un robot. – **3** il est petit –
4 Donner des informations. – **5** Oui, ses
réponses sont très sympathiques. – **6** on
peut lire des informations sur un écran
– **7a.** C'est un robot qui ressemble à un
être humain. – **7b.** « C'est parfait. » –
7. c. J'oublie des choses.

page 41

Production écrite
Proposition de corrigé :
*Dans 50 ans, il n'y aura plus
d'ordinateurs, plus de téléphones
portables, plus de tablettes : tous les
humains seront connectés sur internet.
La télévision n'existera plus. Nous serons
tous un peu des ordinateurs. Les objets
de notre maison seront automatisés
et nous ne ferons plus la cuisine et
le ménage. Nous vivrons et nous
travaillerons avec des robots qui feront
beaucoup de choses à notre place. Nous
aurons beaucoup de temps libre pour
faire du sport ou voyager.*

Détente Activité 1

Z	I	A	P	P	E	L	B	U	R
T	N	L	R	Q	D	E	M	U	A
X	T	V	T	J	L	R	O	X	C
C	E	Q	A	E	P	O	T	P	C
L	R	P	B	M	T	B	E	A	R
A	N	N	L	A	E	O	U	T	O
V	A	X	E	S	X	T	R	O	C
I	U	P	T	U	T	M	F	M	H
E	T	C	T	N	O	H	J	I	E
R	E	N	E	C	R	A	N	C	R

Activité 2
a. est un concours international – **b.** 1926 – **c.** Communiquer par messages sur internet – **d.** envoient des messages à votre portable

unité 5

page 43

Grammaire Activité 1
Interdiction : 1 – 3 – 5 – 6
Obligation : 2 – 4

Activité 2
Proposition de corrigé :
a. Il est interdit de dormir. – b. Il n'est pas autorisé d'écouter de la musique. – c. Il est défendu de courir. – d. Vous ne devez pas prendre de photos.

Activité 3
changer : change – changeons – changez
commencer : commence – commençons – commencez
dormir : dors – dormons – dormez
être : sois – soyons – soyez
rester : reste – restons – restez
s'asseoir : assieds-toi – asseyons-nous – asseyez-vous
se relaxer : relaxe-toi – relaxons-nous – relaxez-vous

page 44
Activité 4
a. Ne vous reposez pas.
b. N'appelez pas votre entraîneur pendant la course.
c. Ne mangez pas avant le départ.
d. Ne soyez pas à l'écoute de votre corps.
e. Ne vous relaxez pas.

Activité 5
Réponse libre.

page 45

Vocabulaire Activité 1
b. Il a mal au dos. – **c.** Elle a la jambe cassée. – **d.** Il a de la fièvre.

Activité 2
M. Morin est malade, il a mal à **la tête**. – Il se sent **fatigué**, il **tousse**. – Il a le nez **bouché**. – Il a la **gorge** rouge. – Il a des problèmes **digestifs** et il a mal à **l'estomac**. – Il a le **genou** blessé.

page 46

Grammaire Activité 1
a. Il faut que <u>tu trouves</u> un bon médecin.
b. <u>Prends</u> le temps d'expliquer tes douleurs.
c. <u>Bois</u> de l'eau.
d. Il est indispensable que <u>nous nous relaxions</u> avant la compétition.
e. <u>Lave-toi</u> les mains.
f. Il ne faut pas que <u>vous oubliiez</u> les médicaments.

Activité 2
a. prenions – **b.** comprennes – **c.** pratiquiez – **d.** mangions – **e.** boive – **f.** lavions

Activité 3
a. range – **b.** mettes – **c.** comprenne – **d.** oubliions – **e.** sortiez – **f.** finissent

page 47

Vocabulaire Activité 1
trousse à pharmacie – cabinet médical – médecin – dentiste – hôpital – spécialiste – pharmacie – ordonnance

Activité 2
de la crème – de la pommade – des gouttes pour les yeux

Activité 3
a. l'infirmier – **b.** la clinique – **c.** l'ingénieur

page 48

Grammaire Activité 1
a. 5 – **b.** 6 – **c.** 2 – **d.** 4 – **e.** 3 – **f.** 1

Activité 2
fasses – ayez – aille – aient – mette

page 49

Communication
Proposition de corrigé :
*Salut Arnaud, je suis malade. **Je tousse beaucoup et j'ai très mal à la tête**. Et depuis ce matin, **j'ai mal à l'estomac**. Je **me sens très fatigué(e), je suis stressé(e) par le travail, je manque vraiment d'énergie… Je ne sais pas quoi faire.***

Phonétique Activité 1
= : b – e
≠ : a – c – d – f

page 50
Activité 2
a. Veuillez manger moins pour améli<u>o</u>rer votre som<u>m</u>eil et votre digest<u>io</u>n.
b. Reste tranquille, il faut que tu a<u>ille</u>s mieux pour la compétit<u>io</u>n.
c. L'infirm<u>i</u>er a reconnu les symptômes physiques.
d. Il me conse<u>ille</u> la me<u>ill</u>eure pharmacie de la ville.
e. Le pharmac<u>ie</u>n a dit deux cu<u>ill</u>ères de sirop, pas toute la boute<u>ille</u> !
f. La chirurg<u>ie</u>nne trava<u>ille</u> avec concentrat<u>io</u>n et applicat<u>io</u>n sur l'orte<u>il</u> du pat<u>ie</u>nt.

Phonie-graphie
• **voyelle + « y » + voyelle** : **b.** les yeux
• **« i » + voyelle prononcée** : **d.** la relaxation, **f.** l'anxiété
• **voyelle + « il » à la fin d'un mot** : **a.** l'œil, **c.** le travail, **g.** le conseil
• **« ill »** : **e.** la bouille, **h.** la cheville

Compréhension orale
1 À la pharmacie.
2 Elle a la grippe.
3 Elle doit prendre un comprimé (un antibiotique) à chaque repas.
4 elle a de la fièvre – elle tousse – elle a mal à la gorge – elle éternue.
5 a. Pour sa gorge : il faut qu'elle prenne le temps de manger du miel.
b. Pour sa toux : il est nécessaire qu'elle avale un sirop.
6 Il est important qu'elle se repose et se relaxe.

page 51

Production orale Jeux de rôle
Production libre

Préparation au DELF A2

Production écrite
Proposition de corrigé :
Bonjour Marc,
Je viens bien merci. Pour retrouver la forme,
tu devrais te reposer, faire des siestes. Pour
bien dormir, il est nécessaire d'être relaxer :
prends un bain chaud et bois une infusion
relaxante avant de te coucher.
Il est indispensable que tu dormes
bien et aussi que tu manges bien !
Moi, je prends des vitamines quand ça ne
va pas et je mange beaucoup de fruits.
J'espère que mes conseils t'aideront !
Bises

unité 6

page 53

Grammaire Activité 1
a. Nous allons en acheter au marché.
b. Elle en demande.
c. Tu en bois.
d. Elles en consomment souvent.
e. Il en mange beaucoup.
f. J'en prends trois.

Activité 2
a. Léa et Paule en boivent régulièrement.
b. Nous en avons trois différentes.
c. Pourquoi tu n'en prends pas ?
d. Vous en mettez dans votre café.
e. J'en veux deux boîtes.
f. Est-ce qu'elles vont en manger ?

page 53-54
Activité 3
a. – Non, il faut en acheter un filet.
→ phrase **f.**
b. – Oui, tu peux en prendre un
morceau. → phrase **e.**
c. – Oui, il en faut un paquet. → phrase **a.**
d. – Oui, il en faut une douzaine.
→ phrase **b.**
e. – Oui, tu peux en acheter une
tablette. → phrase **d.**
f. – Non, il n'en reste plus. → phrase **c.**

page 54
Activité 4
a. Il n'aime que les pizzas.
b. Je ne mange que des légumes.
c. Nous n'avons que des plats originaux.
d. Au restaurant, je ne prends que le
plat principal.

e. Dans notre restaurant, il n'y a que des
spécialités régionales.

Activité 5
a. Elle n'achète que des fruits « moches ».
b. Nous ne prendrons qu'un café.
c. Je ne prends du beurre qu'au petit
déjeuner.
d. Pour cette recette, je n'ai choisi que
des produits frais.
e. Dans ce marché, il n'y a que des
produits bio.

page 55
Activité 6
a. On ne prend que la formule unique
du soir à 15 €.
b. On ne mange que des spécialités
d'Auvergne.
c. On n'écoute un concert que le samedi
soir.
f. On ne cuisine que des produits frais.

page 55

Vocabulaire Activité 1
a. une soupe de légumes
b. des pommes de terre/des poireaux/
des carottes
c. des oignons
d. des carottes/des champignons
e. une salade de fruits

page 56
Activité 2
a. 6. – b. 5. – c. 4. – d. 2. – e. 1. – f. 3.

Activité 3
Proposition de corrigé :
Samedi → haricot vert, lentille,
courgette, poire, tomates
Dimanche → pomme de terre, carotte,
champignon, pêche, citron

Grammaire Activité 1
a. Va chercher des fraises dans le jardin
mais prends les plus rouges.
b. Goûtez ces chocolats, ce sont les
meilleurs.
c. Ce dessert est le plus/moins sucré.
d. Quel restaurant magnifique ! Il a la
plus belle vue de toute la ville.
e. Qui cuisine le mieux ? Ta mère ou ton
père ?
f. Si tu n'as pas faim, prends ce plat,
c'est le plus léger.
g. Choisis cette recette, c'est la
meilleure.

page 57
Activité 2
a. Je te conseille ce plat, c'est le meilleur
du restaurant.
b. C'est Paul qui prépare le mieux la
raclette.
c. C'est moi qui suis la meilleure
cuisinière de la famille.
d. Le mieux est de faire attention à ce
que l'on mange.
e. Goûte ces délicieux desserts, ce sont
les meilleurs du monde.

Vocabulaire Activité 1a
1. riz – **2.** viande – **3.** salade de tomates –
4. frites – **5.** gâteau au chocolat – **6.** poisson
– **7.** salade verte – **8.** tarte aux fraises

Activité 1b
Nos entrées : **3 – 7**
Nos plats du jour : **2 – 6**
Nos accompagnements : **1 – 4**
Nos desserts : **5 – 8**

page 58

Grammaire Activité 1
a. absolument – **b.** agréablement
– **c.** certainement – **d.** difficilement –
e. tristement – **f.** généralement

Activité 2
a. Je vous conseille une recette faite
spécialement pour l'occasion.
b. Je dois suivre attentivement les
instructions.
c. Décorons simplement !
d. Vous devez travailler sérieusement.
e. Le chef prépare facilement le plat du
jour.

page 58-59

Communication
5 – Très bien et la cuisson ? Saignante,
à point ?
1 – Bonjour, vous désirez ?
8 – Une mousse au chocolat.
4 – Alors, je vais prendre le tournedos
Rossini.
7 – Oui. Bien sûr. Et comme dessert ?
2 – Bonjour, je vais prendre la formule
plat et dessert. Qu'est-ce qu'il y a en plat
du jour ?
5 – Bleue, s'il vous plaît. C'est
possible d'avoir des légumes en
accompagnement ?
9 – Excellent choix ! Je vous apporte
tout ça.
3 – Des moules-frites ou un tournedos
Rossini.

Phonétique Activité 1

a. C'est le six et le dix [sis] / [dis]
b. Six secondes [si]
c. À six heures [siz]
d. Mille six [sis]
e. Trois mille dix [dis]
f. Dans dix ans [diz]
g. Soixante-dix-huit [diz]
h. Dix minutes [di]
i. Dix, rue de Paris [dis]

Activité 2

a. J'en achète dix.
b. J'en prends dix.
c. J'en achète six.
d. J'en ai six.
e. J'en achète dix.
f. J'en choisis six.
g. J'en prends dix.

Phonie-graphie

a. Cela coûte six euros.
b. Cela coûte six dollars.
c. Il a dix appartements.
d. Il a dix maisons.
e. J'en veux six.
f. J'en veux six kilos.
g. J'en prends dix.
h. Je prends dix litres d'eau.
i. Ils sont dix.
j. Ils ont dix amis.
k. Ils sont dix personnes.

page 60

Compréhension écrite

1 d'informer sur les bonnes habitudes alimentaires
2 C'est manger de tout et en quantités adaptées.
3 les gâteaux et la charcuterie
4 5
5 125 g
6 Menu A

page 61

Production écrite

Proposition de corrigé :
Chère Annie,
Comment vas-tu ? Je viens de voir cette affiche et j'ai pensé à toi. Je sais que tu es toujours pressée et donc que tu n'as pas le temps de varier ton alimentation. Moi, j'essaie de manger régulièrement des fruits et des légumes, de la viande et aussi du poisson, pas trop de riz, ni de pâtes. Tu dois pouvoir le faire ! Tu dois aussi faire un sport. Que penses-tu du basket ? Si tu veux je t'accompagne.
À bientôt,
Stéphanie

page 62

Détente Activité 1

le champignon, l'ail, la pomme de terre, l'aubergine, la carotte, la pomme, les cerises, la fraise, la tomate, le citron

Activité 2

a. la poire, la pêche, la pomme
b. la carotte, le champignon, le chou
c. les pâtes, les pois chiches, les pois cassés
d. la fraise, la cerise
e. le melon, la pêche, la tomate
f. la raclette, la tartiflette

unité 7

page 63

Grammaire Activité 1

Adjectifs interrogatifs : masculin singulier : **a.** – féminin singulier : **b.** – masculin pluriel : **h.** – féminin pluriel : **g.**
Pronoms interrogatifs : masculin singulier : **f.** – féminin singulier : **d.** – masculin pluriel : **e.** – feminin pluriel : **c.**

Activité 2

a. lequel – **b.** Quel – **c.** quelle – **d.** lesquelles – **e.** quels

Activité 3

a. Lesquels préférez-vous ?
b. Lesquelles aimez-vous ?
c. Lesquels détestez-vous par-dessus tout ?
d. Tu préfères laquelle ?
e. Lequel convient le mieux ?

page 64
Activité 4

a. lequel – **b.** Lequel – **c.** Laquelle – **d.** Lequel – **e.** Lesquelles

Vocabulaire Activité 1

```
F R O I D D V S B P Z N B U C
M Y N W R O L O Q C U K K Ç M
U I J R O I F C R A N U D V S
B K N I F B I I T L D L Y R Y
R F H W U J Z A F M H S F O M
W C K G V X M B V E Q X H Z P
Y B A U I V T L L Ç M P D J A
C A Ç W M N L E M H T A Y F T
A V H Y P V Q J K M Q R N A H
W A R I N O R P Y Y D E E M I
T R A V A I L L E U R S S M Q
O D X G A B W F P M T S I S U
Q A U T O R I T A I R E Q S S
Y X J G P E U R E U X U U P V
K X P F B L B V Y F P X E B X
```

page 65
Activité 2

a. agressif – **b.** sociable – **c.** patient – **d.** têtu

Activité 3

b. spontané(e) – **c.** gai(e) – **d.** nerveux/nerveuse – **e.** bête – **f.** intelligent(e)

Activité 4

Marion a **bon caractère**. Elle est **calme** et elle est toujours **de bonne humeur**. C'est une fille **optimiste**.

Grammaire Activité 1

a. tout le – **b.** toute la – **c.** tous les – **d.** tous les – **e.** tous les

page 66
Activité 2

Tous les matins, Julien et moi, on se réveille à 7 h. Léo se réveille **chaque** jour vers 7 h 30. Il mange **toutes les** trois heures. **Chaque** mardi, nous allons à la piscine. Julien est absent **toute la** journée. Il rentre **chaque** jour vers 19 h. **Tous les** soirs, Léo reste éveillé jusqu'à 21 h. **Toutes les** nuits, Julien se réveille à 3 h pour donner un biberon à Léo.

Vocabulaire Activité 1

a. clairs – vifs – expressifs – soucieux
b. bouclés – fins – raides – épais

Activité 2
a. 1 – **b.** 3 – **c.** 4 – **d.** 2.

page 67
Activité 3

```
            a
          ┌─┐
          │T│  b
          ├─┤ ┌─┐
          │R│ │A│
          ├─┤ ├─┤
          │A│ │V│
          ├─┤ ├─┤       c
          │V│ │A│      ┌─┐
  1 A P P R O C H E    │P│
          ├─┤ ├─┤    2 R E C U L E
          │S│ │E│      │N│
          ├─┤ └─┘      ├─┤
          │E│          │C│
          └─┘          ├─┤
                     3 C O U C H E
                       └─┘
                       │E│
```

Activité 4

a. → 5 – **b.** → 3 – **c.** → 2 – **d.** → 1 – **e.** → 8 – **f.** → 4 – **g.** → 7 – **h.** → 6

Grammaire Activité 1

a. Nous sommes heureux de rester. Nous sommes heureux que vous restiez.
b. J'ai peur d'être en retard.
c. Nous avons hâte de sortir cet album.

d. Je suis déçu de ne pas venir. Je suis déçu qu'elle ne vienne pas.
e. Vous êtes ému d'assister à ce concert. Vous êtes ému qu'il assiste à ce concert.

page 68
Activité 2
a. soit – **b.** veuillent – **c.** poursuivions – **d.** partes – **e.** sorte

Communication
Proposition de corrigé :
C'est quelqu'un d'intéressant. C'est une personne romantique. Il/Elle est sociable et drôle. Il/Elle sait être à l'écoute. Il/Elle n'hésite pas à dire ce qu'il/elle pense. Il/Elle a l'habitude de prendre son temps. Il/Elle a les yeux verts. Il/Elle a les cheveux châtains. Il/Elle mesure environ 1 m 80. Il/Elle a des lunettes. Il/Elle porte des jeans, des pulls et des tee-shirts.

page 69
Phonétique
Activité 1
a. Tu me racontes tou̯te la fête ?
b. Tout le monde est venu ?
c. Tou̯t était bien ?
d. Vous y êtes allées tou̯tes les deux ?
e. Tu as parlé à tous ses amis ?
f. Je vais tout dire, mais je dois partir, à tou̯t à l'heure !

Activité 2
a. [tu] – **b.** [tut] – **c.** [tut] – **d.** [tut] – **e.** [tu] – **f.** [tu]

Phonie-graphie
Dans sa famille, tout le monde se ressemble. Toutes les personnes ont mauvais caractère. Elles sont de mauvaise humeur tous les matins ! Elles sont ennuyeuses toute la journée. Elles sourient et, tout à coup, elles sont tristes ! Et ça recommence tous les jours… Quelle vie !

page 70
Compréhension orale
1 Cinq questions.
2 Préfère-t-il le salé ou le sucré ?
Préfère-t-il porter une cravate ou non ?
Préfère-t-il le chocolat blanc, noir ou au lait ?
Préfère-t-il les chiens ou les chats ?
Préfère-t-il vivre à Paris ou à New York ?
3 Il aime manger du fromage.
4 C'est démodé.
5 Noir.

6 Deux chiennes.
7 Miss est très intelligente. Mimosa est adorable.
8 Entre les deux.
9 Je suis heureux d'être avec vous aujourd'hui./J'adore manger un bout de fromage à la fin des repas./Je suis soulagé qu'elle s'entende bien avec Miss./J'aime bien être entre les deux.

page 71
Production orale   Jeux de rôle
Proposition de corrigé :
B. – Elle est de quelle taille ?
A. – Elle est de taille moyenne.
A. – Comment sont ses cheveux ?
B. – Elle a les cheveux blonds et ondulés.
B. – Comment est sa coupe de cheveux ?
A. – Elle a une coupe au carré.
B. – Quelle est la forme de ses yeux ?
A. – Elle a les yeux en amande.
A. – Ses yeux sont de quelle couleur ?
B. – Elle a les yeux noisette.
B. – A-t-elle des signes particuliers ?
A. – Elle a un tatouage sur la main gauche.
A. – A-t-elle un accessoire ? B. – Oui, elle porte des boucles d'oreilles bleues.

page 72
Préparation au DELF A2
Compréhension des écrits
1 d'une invention
2 les familles
3 le visage
4 Vrai. Justification : « de jour comme de nuit »

unité 8

page 73
Grammaire   Activité 1
a. On aime regarder des films, c'est pourquoi on va souvent au cinéma.
b. Il y a trop de pubs, alors je ne regarde plus la télé.
c. J'étais déçu, j'ai donc quitté la salle./donc j'ai quitté la salle.
d. Comme je n'étais pas d'accord, j'ai écrit au courrier des lecteurs.
e. Les articles de la presse gratuite sont courts, par conséquent ils plaisent à beaucoup de lecteurs.
f. Les musiques de séries sont importantes, c'est pour cela que les producteurs recherchent des compositeurs connus.

Activité 2
a. Grâce aux – **b.** à cause de – **c.** À cause du – **d.** Grâce aux – **e.** À cause des – **f.** Grâce au – **g.** Grâce à

page 74
Activité 3
a. parce que – **b.** c'est pourquoi/donc – **c.** Comme – **d.** c'est pourquoi/donc – **e.** parce qu' – **f.** Comme – **g.** c'est pourquoi/donc

Activité 4
a. 3 – **b.** 4 – **c.** 6 – **d.** 1 – **e.** 2 – **f.** 5

page 75
Vocabulaire   Activité 1
1. c. – **2.** d. – **3.** e. – **4.** a. – **5.** g – **6.** b – **7.** f.

Activité 2
a. publier un article – **b.** reporter – **c.** actuel – **d.** lecteur

Grammaire   Activité 1
a. Elle la regarde tous les soirs.
b. Vous l'achetez chaque matin.
c. Je ne lui ai pas répondu.
d. Elles l'ont envoyé ce matin.
e. Vous pouvez nous attendre.
f. Je préfère ne pas l'appeler./Je ne préfère pas l'appeler.

page 76
Activité 2
Vous **lui** donnez rendez-vous. Vous **l'**accueillez. Vous **le/la** saluez. Vous **lui** serrez la main. Vous **lui** souriez. Vous **lui** posez des questions. Vous **le/la** remerciez.

Activité 3
a. Oui, nous le gardons.
b. Oui, je suis en train de **l'**écouter.
c. Non, je ne **les** regarde pas.
d. Oui, il **lui** a donné son avis.
e. Non, cela ne **leur** convient pas.
f. Non, je ne vous **l'**ai pas recommandé.
g. Oui, nous allons **leur** répondre.

page 77
Vocabulaire   Activité 1
Radio : station, auditeur
Télévision : dessin animé, écran, chaîne, série
Les deux : reportage, journaliste, émission

Activité 2
b. le journal télévisé/le JT – **c.** la météo/le bulletin météo – **d.** saison – **e.** le téléspectateur

Activité 3
a. chaînes – **b.** j'allume/j'éteins –
c. lecteur DVD – **d.** zappe – **e.** jeu télévisé

page 78

Grammaire **Activité 1**
a. Penses-y. – **b.** Achète-le. – **c.** Ne le ratez
pas. – **d.** N'en discutons plus. – **e.** N'en
apporte pas. – **f.** Parles-en. – **g.** Allez-y.

Activité 2
a. Achetez-le ! – **b.** Ne lui téléphonez
pas ! – **c.** Regardez-le ! – **d.** Ne l'achetez
pas ! – **e.** Lisez-la ! – **f.** Réfléchissez-y ! –
g. Ne m'en parlez pas !

Communication

Proposition de corrigé :
Un immeuble. Un ascenseur en panne.
Trois rencontres. Six personnages. La
rencontre de la dame et de l'astronaute
est la plus drôle. Les deux autres
rencontres sont moins intéressantes, mais
dans l'ensemble, le film « Asphalte » est
une réussite. Ne le ratez pas !

page 79

Phonétique **Activité 1**
a. Réfléchis à ma proposition ; songes-y !
b. J'aime ta revue : publies-y mes photos
s'il te plaît.
c. Je n'aime pas cette chaîne.
Changes-en.
d. C'est un site de vidéos, regardes-y des
films français.
e. Voilà ma clé USB, enregistres-y toute
la musique.
f. Tu préfères les documentaires ?
Discutes-en avec tes amis !
g. J'ai envie de regarder une série,
trouves-en une drôle.

Activité 2
a. Vas-y ! – **b.** Restes-y ! – **c.** Penses-y ! –
d. Joues-y ! – **e.** Profites-en ! – **f.** Parles-
en ! – **g.** Écoutes-en !

Phonie-graphie

a. Il te reste du gâteau ? Donnes-en à
Tom s'il te plaît.
b. La directrice t'attend dans son
bureau, va la voir.
c. Une nouvelle rubrique pourrait être
une bonne idée, penses-y !
d. Les films sont plus chers ici. N'en
achète pas.
e. Tu sais parler croate ? Parle-le s'il te plaît !
f. Garde-moi une place au cinéma ce soir !

page 80

Compréhension écrite

1 une discussion sur internet.
2 de la télévision
3 a. Une histoire connue.
b. Une actrice (un acteur) connu(e).
c. Une diffusion sur tous les continents.
d. Le nombre d'épisodes.
4 Pas plus de 10 épisodes.
5 Deux événements.
6 Le Marché international des programmes
de télévision et le Festival Séries Mania
7 Une fois par an (« chaque année »).
8 Histoire d'une série.

page 81

Production écrite

Proposition de corrigé :
Pour moi, le succès d'une série télévisée,
c'est l'histoire qu'elle raconte. Puis,
bien sûr, les acteurs sympathiques qui
nous donnent envie de suivre l'histoire.
Ensuite, le titre qui attire notre attention.
Après, c'est la musique de la série qui
reste dans nos mémoires. Pour finir,
le nombre d'épisodes est un élément
important. Je n'ai pas beaucoup de
temps, c'est pourquoi je préfère les
séries qui ne durent pas trop longtemps.

page 82

Détente **Activité 1**
a. Radio France internationale → photo 6
b. 1631 → photo 5
c. Vidéo à la demande → photo 1
d. 38 x 28 cm → photo 2
e. Faux → photo 4
f. *Le Bureau des légendes* → photo 3

Activité 2
Télévision : la petite lucarne, le petit
écran, le huitième art
Presse : un canard, les chiens écrasés
Cinéma : les salles obscures, le grand
écran, le septième art

unité 9

page 83

Grammaire **Activité 1**
Futur simple : c – e – g
Conditionnel présent : a – b – d – f

Activité 2
b. 6 – **c.** 5 – **d.** 1 – **e.** 3 – **f.** 2

Activité 3
a. devriez – **b.** pourrais – **c.** souhaiterions
– **d.** voudraient – **e.** échangerais –
f. aimerait

page 84
Activité 4
a. Vous ne voudriez pas essayer
BlaBlaCar ?
b. Je voudrais savoir si on peut échanger
nos appartements.
c. Connaîtriez-vous un site pour
échanger les vêtements ?
d. Je souhaiterais louer un bateau.
e. Je préférerais qu'on se retrouve à la gare.

Activité 5
a. Pourriez-vous me dire comment
mieux consommer ? (demande polie)
b. J'aimerais organiser un troc. (souhait)
c. À votre place, je **ferais** des achats
groupés. (conseil)
d. Vous **devriez** échanger vos maisons.
(conseil)
e. Nous **pourrions** donner les objets
que nous n'utilisons plus. (proposition)

Vocabulaire **Activité 1**
a. troquer – **b.** revendre – **c.** achat –
d. entreprise

page 85
Activité 2
a. consommer – **b.** vendre – **c.** acheter –
d. utiliser – **e.** louer – **f.** troquer

Activité 3
a. 4 – **b.** 1 – **c.** 2 – **d.** 5 – **e.** 3

Activité 4

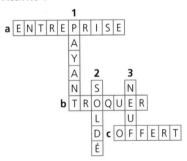

page 86

Grammaire **Activité 1**
a. en sachant conduire – **b.** en
connaissant la personne – **c.** en ayant
besoin d'économiser – **d.** en étant
membre – **e.** en choisissant – **f.** en lisant
les annonces

Activité 2

b. en vendant sur LeBonCoin.fr. – **c.** en pratiquant le covoiturage. – **d.** en partageant son appartement. – **e.** en se lançant dans l'habitat partagé. – **f.** en louant ses affaires à ses voisins. – **g.** en consommant des produits locaux.

Activité 3

a. Oui, je peux discuter avec un passager en conduisant une voiture./Non, je ne peux pas discuter avec un passager en conduisant une voiture.

b. Oui, je peux répondre au téléphone en faisant la cuisine./Non, je ne peux pas répondre au téléphone en faisant la cuisine.

c. Oui, je peux discuter en écrivant un message./Non, je ne peux pas discuter en écrivant un message.

d. Oui, je peux écouter un livre audio en bricolant./Non, je ne peux pas écouter un livre audio en bricolant.

e. Oui, je peux regarder un film en lisant les sous-titres./Non, je ne peux pas regarder un film en lisant les sous-titres.

page 87

Vocabulaire Activité 1

b. fer – **c.** acier – **d.** or – **e.** plastique – **f.** métal – **g.** papier

Activité 2

a. 2 – **b.** 3 – **c.** 1 – **d.** 4

Activité 3

Les Repair Café permettent de **réparer** les objets et d'éviter de les **jeter**. Ils donnent une deuxième vie aux choses en **panne** : jeans **déchirés**, vases **cassés**, appareils **électroménagers** prêts à partir à la **poubelle** ! Ces cafés mettent en contact des **réparateurs** bénévoles experts d'un domaine et des gens qui souhaitent réparer leurs objets, mais qui ne savent pas comment. Pour les **outils** ? Pas de problème, ils sont disponibles sur place !

page 88

Grammaire Activité 1

Nous **pourrions** vivre sans argent. Nous **découvririons** que l'argent n'est pas nécessaire. Nous **serions** plus heureux. Nous **produirions** seulement des choses intéressantes et nécessaires. Nous ne **dirions** pas non à la technologie, mais nous **réapprendrions** à fabriquer des machines solides et durables. Les citoyens **créeraient** des liens amicaux

sincères et **partageraient** leurs ressources dans la joie.

Activité 2

Je **partagerais** mes compétences en informatique. Je **chercherais** des objets dans des brocantes. J'**organiserais** un voyage en auto-stop. Je **ferais** le ménage pour mon voisin. Je **cuisinerais** un plat maison. J'**écrirais** un poème d'amour.

page 89

Communication

Proposition de corrigé :
Bonjour Karina,
Je suis très intéressé par votre annonce. J'ai un studio à Marseille dans un quartier animé à 500 mètres de la mer et je voudrais passer deux semaines à Berlin du 15 au 30 mai. J'aimerais savoir si on pourrait échanger nos studios à ces dates. Pourriez-vous me contacter ? Merci.
Bien à vous,
Ludovic, ludo_27@hotmail.com

Phonétique Activité 1

Accent d'insistance : a – c – d – f

page 90

Activité 2

a. C'est <u>in</u>croyable ! – **b.** Il est im<u>poss</u>ible ! – **c.** Elle est <u>mal</u> élevée ! – **d.** C'est une <u>ex</u>cellente idée ! – **e.** Il est ex<u>cep</u>tionnel ! – **f.** Elle est <u>a</u>dorable !

Activité 3

a. Il vend son vélo 50 euros. → C'est <u>donné</u> !
b. Je te rends ton DVD ! → Il est a<u>bîm</u>é !
c. C'est compliqué d'organiser un troc ? → Non, c'est <u>simple</u> !
d. Il va pleuvoir le jour de la brocante. → C'est <u>dommage</u> !
e. Voici ma nouvelle bicyclette. → Elle est très <u>belle</u> !
f. J'ai réparé notre vieil aspirateur ! → C'est im<u>poss</u>ible !

Compréhension orale

1 Les transports (covoiturage)
2 20 millions
3 19 pays.
4 pendant les grandes vacances.
5 des trajets assez longs pour partir en vacances ou en week-end.
6 Des étudiants.
7 34 ans.
8 a. 2 – **b.** 1

page 91

Production orale Jeux de rôle
Production libre

page 92

Préparation au DELF A2

Compréhension de l'oral

1 De partager un lieu de travail.
2 En avril.
3 imprimante, scanner, salles de réunion, cafétéria.
4 a. Pour dix jours : 190 € – **b.** Pour le mois entier : 250 €
5 informatique
6 a. Développer son réseau –
b. Rencontrer de nouveaux collaborateurs – **c. Échanger** sur ses pratiques – **d. Réaliser** ses projets
7 « Jokko » signifie « partage » en wolof.

unité 10

page 93

Grammaire Activité 1

avons visité – C'était – faisait – sommes arrivés – avons marché – avait – avons décidé

Activité 2

1. d – **2.** f – **3.** a – **4.** e – **5.** c – **6.** b – **7.** g

Activité 3

a. Il a visité le Palais des Nations.
b. Émilie était à Lausanne parce qu'elle y étudiait.
c. Non, il n'a pas visité de musée. Il se promenait au bord du lac, il lisait, il prenait des photos.
d. Oui, il faisait beau et chaud.
e. C'était agréable, il a bien aimé son séjour en Suisse.

page 94

Activité 4

sommes arrivés – sommes allés – étaient – avons marché – s'est réveillée – se promenaient – allaient

Activité 5

Yoko aimait beaucoup Paris mais elle ne parlait pas français. Le jour de son arrivée dans la capitale française, elle s'est perdue dans le quartier du Marais ; elle ne savait plus où elle était. Par chance, elle a rencontré deux filles de son âge très sympathiques qui lui ont indiqué le chemin. Après ce voyage, Yoko a décidé d'apprendre le français.

Vocabulaire Activité 1

Image 1 : Circuit à vélo avec hébergement en camping
Image 2 : Découverte de la ville avec hébergement en auberge de jeunesse
Image 3 : Une croisière
Image 4 : Circuit culturel avec logement chez l'habitant
Image 5 : Club de vacances tout inclus

Activité 2

1. le décollage – **2.** changer de l'argent – **3.** la demi-pension – **4.** le budget – **5.** le logement chez l'habitant – **6.** la destination

page 96

Grammaire Activité 1

<u>Mes filles</u> sont **parties** au Sénégal pour six semaines. Je connais <u>l'agence de voyages</u> qu'elles ont **choisie** pour tout organiser. Elles vont dormir dans <u>les hôtels</u> que l'agence a **réservés**. Elles écrivent un blog de voyage très intéressant : <u>leurs posts</u>, je les ai **lus** plusieurs fois ! <u>Les photos</u> qu'elles ont **postées** sont très belles. <u>La photo</u> que j'ai **préférée** est le portrait d'un enfant et de sa mère.

Activité 2

allée – peints – habitées – ouverte – étudiés

Activité 3

a. Oui, je l'ai prise.
b. Oui, je l'ai faite.
c. Non, je ne les ai pas mises.
d. Oui, je l'ai écrit.
e. Non, je ne les ai pas photocopiées.

page 97

Vocabulaire Activité 1

1. e – **2.** b – **3.** l – **4.** c. – **5.** d. – **6.** a

Activité 2

a. un site archéologique – **b.** un château – **c.** une ruelle – **d.** une ville médiévale

Grammaire Activité 1

a. celle – **b.** celui – **c.** celui – **d.** celles – **e.** ceux

page 98
Activité 2

a. celle – **b.** celui – **c.** ceux – **d.** celles – **e.** celle-ci, celle-là

Communication

Proposition de corrigé :
Bonjour, je voudrais aller à Saint-Émilion et visiter les châteaux et domaines.
Vous savez combien de temps durent les visites ?
Et, combien coûtent les visites ?
Pour aller à Saint-Émilion, c'est compliqué ? Il faut prendre le train ou on peut y aller à pied ?

page 99

Phonétique Activité 1

a. Je changeais de budget.
b. Les passagers découvrent la cabine.
c. Elle a réservé pour juillet.
d. J'achète mon billet de train.
e. Au contrôle, il présente son passeport.
f. Ce musée propose des tarifs étudiants.

Activité 2

a. J'<u>ai</u>me Re<u>nn</u>es <u>et</u> la Bretagne au mois de m<u>ai</u>.
b. C'<u>est</u> l'office de tourisme d'Île-de-France.
c. Nos gui<u>ch</u>ets sont ouve<u>rts</u> sans interru<u>pt</u>ion.
d. Vous av<u>ez</u> f<u>ai</u>t la queue pour voir la r<u>ei</u>ne.
e. Mon obj<u>ect</u>if <u>est</u> d'arriv<u>er</u> à l'aube<u>rg</u>e de jeune<u>sse</u> avant toi.

Phonie-graphie Activité 1

a. Mes amis guadeloupéens ont aimé la ville médiévale.
b. Le musée a changé.
c. Ils ont visité la cathédrale le jour de leur arrivée.

Activité 2

a. Il y a beaucoup de passagères dans la croisière.
b. Sa mère et son frère se lèvent tôt pour acheter un billet.
c. Il achète une semaine en pension complète.

page 100

Compréhension écrite

Compréhension : **1** d'un post de blog. – **2** qui aiment la nature. – **3** a vu un film sur l'île. – **4** elle a demandé conseil à un ami. – **5** dans un hôtel. – **6** la côte et l'intérieur de l'île. – **7** les habitants des villages.– **8** Oui, Valérie a apprécié son voyage : « Absolument, j'ai beaucoup voyagé mais j'ai trouvé à La Réunion un concentré de tout ce que j'aime dans le voyage, l'aventure et la découverte. »
Vocabulaire : **a.** 2 – **b.** 3 – **c.** 1

Production écrite

Proposition de corrigé :
L'année dernière, j'ai voyagé en Inde. Le premier jour a été difficile, j'étais fatiguée par le décalage horaire et je ne comprenais rien. Les rues étaient pleines de véhicules et de gens. J'ai vu un chat qui se promenait sur un toit et, tout à coup, il s'est assis et s'est gratté la tête. J'ai pensé que j'avais une hallucination ! En fait, ce n'était pas un chat, c'était un singe ! Pour moi, c'était incroyable que les singes se promènent dans la ville…

Page 102

Détente

Sénégal : F a 6 – C b 2
Suisse : D c 3 – A d 7
France : B e 1 – E f 4
Québec : G g 8 – H h 5

unité 11

page 103

Grammaire Activité 1

a. Tu as fait l'exposé de sciences ?
b. J'ai acheté les livres d'histoire.
c. Il va à l'université de Yale ?
d. Elle doit se présenter à l'entretien jeudi.
e. Les sciences humaines me passionnent.
f. Je ne veux pas me lever tôt.

Activité 2

Martin : Où penses-tu faire ton stage ?
Tiago : Dans l'entreprise de mon oncle, **c'est lui qui** me l'a proposé. **C'est** une entreprise **qui** est spécialisée dans le marketing. Et toi ?
Martin : Moi, **ce que** j'aimerais faire, c'est un stage dans une entreprise de dessin. En fait, **c'est** le métier de dessinateur technique **que** j'aimerais faire.
Tiago : **Ce qui** est important, c'est de bien choisir son stage. **C'est** cette expérience **qui** va nous permettre de trouver un travail.

page 104
Activité 3

a. Ce que je veux, c'est changer de travail.
b. C'est le métier de traductrice qui m'intéresse.
c. Ce que je vais étudier, ce sont les langues.
d. C'est le chinois que j'aimerais apprendre.
e. Ce qui me passionne, ce sont les sciences.

f. Ce que j'aimerais, c'est faire une pause./
Ce que j'aimerais faire, c'est une pause.

Activité 4
a. Ce sont ces étudiants qui étudient la médecine.
b. C'est lui qui a trouvé le livre de droit ennuyeux.
c. Ce que je souhaite, c'est obtenir mon diplôme.
d. Ce qui me passionne, c'est l'histoire de l'art.
e. C'est dans l'amphi que nous avons cours.
f. Ce sont ces professeurs qui viennent du Japon.

page 105

Vocabulaire Activité 1
Diplômes : baccalauréat, **brevet des collèges**, **licence**
Matières : sciences, **lettres**, droit
Établissements : collège, **lycée**, **université**
Évaluation : examens, **tests**

Activité 2
a. la matière – **b.** l'université – **c.** la médecine – **d.** l'enseignant

Activité 3
a : portrait 3 – **b** : portrait 1 – **c** : portrait 4 – **d** : portrait 2

page 106

Grammaire Activité 1
b. 7 – **c.** 4 – **d.** 2 – **e.** 5 – **f.** 6 – **g.** 1

Activité 2
a. ce que – **b.** pourquoi – **c.** quel – **d.** quelles – **e.** si – **f.** comment

Activité 3
a. Il dit qu'il a besoin de renseignements sur la formation.
b. Elle demande quelle est la durée de la formation.
c. Elle vous demande si vous voulez vous inscrire au cours de chinois.
d. Il demande quand commence le stage.
e. Elle veut savoir où se trouve le bureau des relations internationales.
f. Il demande ce qu'il faut faire pour être ingénieur.

page 107

Vocabulaire Activité 1
a. 6 A – **b.** 4 E – **c.** 2 B – **d.** 3 F – **e.** 5 D – **f.** 1 C

Activité 2
vacanciers – localiser – touriste – visiter – se restaurer – informer

page 108
Activité 3
CV de la présentation : C – **Mots clés du CV** : Master en droit international – Bac L – assistant juridique – stage – espagnol – portugais – anglais.

Grammaire
a. à – **b.** à – **c.** de – **d.** d' – **e.** d' – **f.** à – **g.** de – **h.** à – **i.** de

page 109

Communication
Proposition de corrigé :
Elle a plusieurs projets. Elle veut faire évoluer sa carrière et faire le point sur ses compétences. Elle a décidé de s'améliorer, de se motiver et de travailler plus efficacement. Elle a pensé à se former en langue et dans son domaine. Elle aimerait relever de nouveaux défis et peut-être changer de métier et partir travailler dans un autre pays.

Phonétique Activité 1
= : c – d – f
≠ : a – b – e – g

Page 110
Activité 2
b. → Ils apprennent et ils obtiennent.
c. → Elles comprennent et elles soutiennent.
d. → Elles viennent et elles prennent.

Activité 3
b. → C'est une bonne lycéenne.
c. → C'est une collégienne tunisienne.
d. → C'est une patronne humaine.

Compréhension orale
1 Les cours en ligne ouverts à tous
2 Avis positif : femme 1 – homme 3
Avis négatif : homme 1 – homme 2 – femme 2 – femme 3
3 Réponses possibles : préfère cours traditionnels en amphi avec de vrais profs/pas facile à suivre/pas l'habitude de ce genre d'enseignement/ennuyeux/trop difficile, il faut des connaissances initiales pour suivre le cours.
4 Réponses possibles : a pu suivre un cours de l'université d'Harvard gratuitement (accès aux grandes écoles)/c'est gratuit/enrichissant de pouvoir échanger nos visions, nos connaissances,

nos expériences/accès à des ressources partout dans le monde.

page 111

Production orale Jeux de rôle
Réponse libre

Page 112

Préparation au DELF A2
Compréhension de l'oral
1 Assistant de Mme Poirier/assistant de direction.
2 dessin de construction de maison.
3 Faux
4 Vrai
5 Avec Mme Poirier.
6 Vendredi prochain, le 4 avril.
7 Au 03 45 26 12 09.
8 Vous devez envoyer au plus vite une copie de vos diplômes.

unité 12

page 113

Grammaire Activité 1
a. Nous avons créé une association pour lutter contre la pollution.
b. Nous devons sensibiliser les gens pour que l'environnement reste protégé.
c. Nous nous mobilisons pour la protection de la planète.
d. Dans le parc national, il y a des règles pour que la nature reste propre.
e. En randonnée, je prends un sac en plastique pour trier mes déchets.

Activité 2
a. préservions – **b.** respections – **c.** puisses – **d.** soient – **e.** nettoyions

page 114
Activité 3
a. soient – **b.** sensibiliser – **c.** éviter – **d.** nuire – **e.** disparaissent

Vocabulaire Activité 1
a. jungle – **b.** désert – **c.** forêt – **d.** océan

Activité 2
a. la pollution – **b.** la faune et les espaces protégés – **c.** les espaces protégés et la pollution – **d.** les espaces protégés et la pollution – **e.** la flore

page 115
Activité 3
a. la racine – **b.** le pétrole – **c.** la branche

Activité 4
1. Préservons ensemble l'environnement ! (photo 3) – **2.** Faites des économies d'énergie ! (photo 1) – **3.** Ramassez vos déchets ! (photo 2)

Gammaire **Activité 1**
Voix active : **a. – c.**
Voix passive : **b. – d. – e.**

page 115-116
Activité 2
a. Paul est employé par la ville de Pau.
b. Sa proposition est acceptée par le maire de la ville.
c. Les habitants sont invités par la mairie à participer à l'opération.
d. Le jour de cet événement, des stands seront tenus par des bénévoles.

Activité 3
a. J'étais intéressé par la nature.
b. Des personnes sensibles aux problèmes de l'environnement sont employées par Reforest'Action.
c. Les animaux sauvages sont protégés par des associations.
d. Les forêts sont préservées par les bénévoles.
e. 30 % du territoire français est occupé par les forêts.

Vocabulaire **Activité 1**
a. hippopotame – **b.** canari – **c.** hamster – **d.** singe

page 117
Activité 2
Les mammifères sauvages : l'éléphant – le rhinocéros – le renard – le loup – le lion
Les reptiles : la tortue – le serpent – le lézard – le crocodile
Les oiseaux : la mouette – la pie – le perroquet – l'aigle – le pigeon
Les animaux domestiques : le chat – le chameau – la chèvre – la vache – le mouton

Activité 3
1. pattes – **2.** nageoires – **a.** ailes – **b.** trompe – **c.** bec

Gammaire
a. après – **b.** avant de – **c.** avant d' – **d.** après – **e.** après

Communication
Proposition de corrigé :
Je ne suis pas d'accord avec vous. Je suis inquiète pour la protection de la forêt. Nous devons intervenir contre ce projet. Ce n'est pas bien pour l'environnement. Impliquons-nous pour que nos forêts soient préservées de la pollution et pour que notre faune et notre flore restent protégées. Je vous propose de créer une association et de mettre en place des campagnes d'information sur la protection des forêts.

page 119

Phonétique **Activité 1**
[gl] : b. – e. – f.
[gR] : a – c. – d. – g.

Activité 2
a. [R] = 3   [l] = 2   [g] = 1
b. [R] = 3   [l] = 1   [g] = 1
c. [R] = 2   [l] = 3   [g] = 3
d. [R] = 2   [l] = 2   [g] = 1
e. [R] = 1   [l] = 3   [g] = 1

Phonie-graphie
a. Pour respecter la nature, il faut être rigoureux.
b. Comment limiter les gaz à effet de serre ?
c. La plage est sale, il y a des mégots de cigarette et des emballages.
d. Luttons contre la dégradation et la pollution.
e. Est-ce que mon slogan te plaît ?
f. Quelles espèces terrestres sont en voie de disparition ?

page 120

Compréhension écrite
1 négatif
2 Nous consommons de plus en plus d'énergie./Nous sommes trop nombreux.
3 les ordinateurs, les téléphones portables, les jeux vidéos

4 Nous les recyclons. : faux
Nous les jetons. : vrai
Nous les trions. : faux
Nous les remplaçons trop vite. : vrai
5 Nous consommons de plus en plus d'énergie pour bouger, fabriquer et transporter ce que nous achetons…
6 a. 3. – b. 1. – c. 4. – d. 2.

page 121

Production écrite
Proposition de corrigé :
Dans mon pays, il y a l'association « Greentortue ». Elle met en place des actions pour la protection des tortues marines.
« Greentortue » organise des campagnes de sensibilisation pour que les plages restent propres et pour que les tortues soient protégées quand elles viennent sur la plage pour pondre.
Je me suis inscrite à cette association après avoir compris l'importance du respect de la nature. Nous pouvons tous faire quelque chose pour sauver la planète et la protéger de la pollution.

page 122

Détente **Activité 1**
Proposition de corrigé :
L'ours polaire est en voie d'extinction.
– Nos arbres sont en danger. Préservons-les ! – La durée de vie d'un sac plastique = 450 ans. – Gardons nos mers propres ! – Le recyclage, à vous de vous engager !

Activité 2

P	R	E	D	A	T	E	U	R	I	B
R	E	T	O	I	R	A	H	I	N	O
O	S	E	L	E	I	O	R	P	A	U
T	P	H	S	B	E	L	I	R	T	R
E	E	C	H	E	R	L	O	E	U	G
G	C	E	C	A	R	A	C	I	N	E
E	T	D	A	T	E	V	I	O	E	O
R	E	E	L	O	R	T	E	P	O	N

Maquette intérieure : Isabelle Aubourg
Déclinaison de la maquette intérieure : Sabine Beauvallet
Mise en page : Nadine Aymard
Recherche iconographique : Aurélia Galicher
Documents iconographiques : Dany Mourain
Édition : Alexandra Prodromides – Cécile Rouquette
Illustrations : Anne-Olivia Messana
Enregistrements, montage et mixage : Pierre Rochet – Studio Bund

éditions didier s'engagent pour l'environnement en réduisant l'empreinte carbone de leurs livres. Celle de cet exemplaire est de : **400 g éq. CO₂**
Rendez-vous sur www.editionsdidier-durable.fr

PAPIER À BASE DE FIBRES CERTIFIÉES

© Les Éditions Didier, Paris 2016
ISBN : 978-2-278-08365-7
Dépôt légal : 8365/13

Achevé d'imprimer en Italie par Grafica Veneta (Trebaseleghe) en juillet 2020